Bärenstarke Kinderkost

Lecker, schnell und gesund

Unser Service für Sie

Wenn neue Gesetze und Verordnungen in Kraft treten oder sich zum Beispiel Förderbedingungen oder Leistungen ändern, finden Sie die wichtigsten Fakten in unserem Aktualisierungsservice zusammengefasst.
Mit dem Klick auf **www.ratgeber-verbraucherzentrale.de/aktuell** sind Sie dann ergänzend zu dieser Auflage des Buches auf dem neuesten Stand. Diesen Service bieten wir so lange, bis eine Neuauflage des Ratgebers erscheint, in der die Aktualisierungen bereits eingearbeitet sind. Wir empfehlen, Entscheidungen stets auf Grundlage aktueller Auflagen zu treffen.
Die lieferbaren aktuellen Titel finden Sie in unserem Shop:
www.ratgeber-verbraucherzentrale.de

Bärenstarke Kinderkost

Lecker, schnell und gesund

JULIA GILCHER, GABRIELE JANTHUR

verbraucherzentrale

Inhalt

159
Lachsfilet im Gemüsebett mit Kartoffelstampf

171
Quarkknödel in Butterbröseln

73
Süß – ein besonderer Geschmack

Rezepte

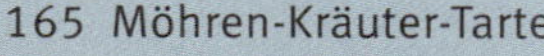

Zu diesem Buch

Die meisten Eltern wissen, dass eine ausgewogene Ernährung wichtig für ihre Kinder ist. Doch was ist eigentlich „gesundes Essen“? Wie viel wovon brauchen Kinder? Und wie sollten sich die Mahlzeiten über den Tag verteilen? Die aktuellen wissenschaftlichen Erkenntnisse zu diesen und ähnlichen Fragen teilen wir auf den folgenden Seiten mit Ihnen – jedoch nicht mit dem Ziel, dass Sie nur noch nach Tabellen und mit Digitalwaage kochen. Im Gegenteil: Wir möchten Ihnen zeigen, dass die Zubereitung kindgerechter Mahlzeiten kein Hexenwerk ist.

Mit diesem Ratgeber sind Sie bestens vorbereitet, um gemeinsam als Familie den Kochlöffel zu schwingen und bärenstarke Gerichte zu zaubern. Die Informationen und Rezepte im Buch sind besonders auf die Bedürfnisse von Kindern vom zweiten bis zum 14. Lebensjahr ausgerichtet.

Grundlage unserer Empfehlungen sind die Referenzwerte für die Nährstoffzufuhr der Deutschen Gesellschaft für Ernährung (DGE). Bei der Lebensmittelauswahl für unsere Rezepte berücksichtigen wir außerdem die Aspekte der Vollwerternährung nach Prof. Dr. Claus Leitzmann, Dr. Karl von Koerber und Thomas Männle. Leitzmann empfiehlt für eine gesunde Ernährung, vor allem auf frische, unverarbeitete, pflanzliche Lebensmittel zu setzen – am besten saisonal, aus der Region und in Bioqualität. Auf einen einfachen Nenner gebracht und egal, ob für Kinder oder Erwachsene, bedeutet das: Viel Gemüse, Obst, Getreide, Hülsenfrüchte, Milch und Milchprodukte gehören auf den Tisch, je nach persönlichen Vorlieben ergänzt durch Fisch, Fleisch und Eier. Die Ernährungspyramide (→ Seite 24) erleichtert die Auswahl von Lebensmitteln und deren gezielten Einkauf.

Im zweiten Teil des Ratgebers finden Sie über 70 köstliche, mit Kindern erprobte Rezepte für alle Mahlzeiten des Tages. Nutzen Sie das Vorbereiten und Kochen gerne als Familienzeit und lassen Sie Ihre Kinder mithelfen (→ Seite 90).

Viel Spaß und guten Appetit wünschen Ihre Verbraucherzentrale und der Bär!

Aus unserer Beratungspraxis

Die wichtigsten Fragen und Antworten

→ Jährlich beantworten wir in unseren bundesweit rund 200 Beratungsstellen, am Telefon oder per E-Mail viele Fragen und helfen bei der Lösung von Problemen, die Verbraucherinnen und Verbraucher an uns herantragen. Aus dieser täglichen Praxis wissen wir, wo der Schuh drückt und wie konkrete Unterstützung aussehen kann.

Diese Erfahrungen sind Grundlage unserer Ratgeber, mit präzisen, verbraucherorientierten Informationen, zahlreichen Tipps und Hintergrundinformationen zum besseren Verständnis.

Während unsere Ratgeber die besten Empfehlungen für Sie zusammenfassen, finden Sie auf unseren Webseiten Kommentare und Kritiken zu aktuellen Trends und Themen.

Sollte sich eine spezielle Frage nur individuell klären lassen, hilft unsere Beratung weiter. Eine Übersicht über unser umfassendes Beratungsangebot finden Sie unter: **www.verbraucherzentrale.de**

Profitieren Sie von unserer Beratungspraxis!

Müssen Kinder Fleisch und Fisch essen?

Nein! Eine vegetarische Ernährung, bei der Milch, Milchprodukte sowie Eier auf dem Speiseplan stehen, ist kein Problem. Auch sämtliche Mischformen, wie ab und zu vegan, mal vegetarisch und selten Fleisch, sind praktikabel und in vielen Familien Alltag. Sie sollten allerdings durch eine gezielte Lebensmittelauswahl einer eventuellen Unterversorgung mit Eisen vorbeugen.

Gerichte mit Haferflocken, Hirse, Linsen oder Kichererbsen sind ein guter Fleischersatz. Vor allem die Kombination mit Vitamin-C-haltigem Obst und Gemüse sorgt dafür, dass das Eisen aus dem Getreide besser aufgenommen und umgesetzt wird. Andere Lebensmittel, etwa Milchprodukte, können die Eisenaufnahme hemmen.

Eine rein vegane Ernährung, bei der sämtliche tierische Lebensmittel fehlen, ist für Kinder allerdings nicht zu empfehlen! Kinder haben ein höheres Risiko für einen Nährstoffmangel, dessen Folge Entwicklungsstörungen sein können.

Essen Kinder keinen Fisch, sollten Sie unbedingt die Versorgung mit Omega-3-Fettsäuren sicherstellen, zum Beispiel indem Sie Rapsöl, Olivenöl oder Walnussöl verwenden und zusätzlich regelmäßig Nüsse, Kerne und Ölsamen, wie Sonnenblumenkerne, Kürbiskerne oder Sesam, anbieten.

→ Seite 20 f.

Mein Kind mag kein Gemüse – fehlt ihm was?

Lehnt Ihr Kind Gemüse völlig ab, können Sie das eine Zeit lang durch mehr Obst und Kartoffeln ausgleichen. Aber auf Dauer ist Gemüse unverzichtbar. Erfahrungsgemäß kommt es nur sehr selten vor, dass Kinder gar kein Gemüse mögen. Oft lehnen sie nur bestimmte Arten ab, weil sie „zu hart sind“ oder „komisch schmecken“. Vielleicht mag ein Kind gekochte Möhrenstücke nicht, aber klein gestampft als Püree oder geraspelt als Salat schmeckt das gleiche Gemüse schon wieder ganz anders.

Probieren Sie doch einmal folgendes: Pürierte Gemüse (Blumenkohl, Brokkoli, Möhren, Kürbis, Zucchini) in Soßen „verstecken“ und so als ideale Ergänzung zu Reis- oder Nudelgerichten servieren, Gemüsesuppen mit Kartoffeln zubereiten, rohes Gemüse als Fingerfood mit Dip anbieten oder ein mit Frischkäse oder Quark bestrichenes Vollkornbrot mit Gemüsestücken zu einem Gesicht verzieren. Auch die Situation spielt eine Rolle, wenn es darum geht, neue Geschmäcker kennenzulernen. Bei Lebensmitteln wie Brokkoli, der von vielen Kindern eher abgelehnt wird, ist es umso wichtiger, sie in angenehmer Atmosphäre anzubieten – ganz ohne Zwang. Das sorgt für eine positive Grundstimmung.

→ Seite 31 ff.

Mein Kind isst in der Kita/ Schule warm. Können wir abends noch gemeinsam warm essen?

Zwei warme Mahlzeiten am Tag sind kein Problem. Vielleicht können Sie sich für die Abendmahlzeiten am Speiseplan der Kita oder Schule orientieren, damit es nicht zweimal am Tag dasselbe, zum Beispiel Spaghetti Bolognese, gibt. Bieten Sie dann eher ein vegetarisches Abendessen an. Die Auswahl an warmen Speisen ist automatisch vielfältiger, unter anderem weil Gemüse, Hülsenfrüchte und Kartoffeln in unterschiedlichster Art und Weise zubereitet werden können und sie sehr nährstoffreich sind. Am besten fragen Sie Ihre Kinder einfach nach ihren Vorlieben.

→ Seite 50 ff.

Mein Kind liebt Süßigkeiten. Was kann ich gegen das ständige Naschen tun?

Achten Sie auf Ihr eigenes Naschverhalten, um auszuschließen, dass Ihr Kind nur das nachahmt, was Sie ihm vormachen.

Überprüfen Sie, ob eventuell der Abstand zwischen den Hauptmahlzeiten zu lang ist. Kinder brauchen häufiger als wir Erwachsenen einen Nachschub an Energie. Kleine herzhafte Imbisse beugen gut vor. Ein Stück Obst wäre eine gesunde süße Alternative.

Und wie sieht's mit möglicher Langeweile aus? Wenn das der Grund sein könnte, hilft es, wenn Sie mit Ihrem Kind überlegen, was man außer Naschen noch (gemeinsam) tun könnte.

Wird in Ihrer Familie Süßes als Trostpflaster bei Schwierigkeiten oder als Belohnung für besondere Leistungen eingesetzt? Versuchen Sie, das zu vermeiden. Denn wenn Sie Lob und Tadel mit Süßigkeiten erteilen, konditionieren Sie Ihr Kind mit dieser „süßen" Art von Problemlösung für sein späteres Leben.

→ Seite 43 ff.

Braucht mein Kind Vitamintabletten oder Produkte, die speziell für Kinder sind?

Nein. Eine abwechslungsreiche Ernährung enthält alle wichtigen Nährstoffe. In Deutschland leidet in der Regel kein normal essendes Kind an einem Mangel an Vitamin C, Calcium, Eisen oder Omega-3-Fettsäuren, und doch werden solche Zusätze häufig angeboten. Nahrungsergänzungsmittel für Kinder machen einen nützlichen und harmlosen Eindruck, sollen die Abwehrkräfte stärken oder die Konzentrationsfähigkeit erhöhen. Laut unserem Marktcheck 2023 lagen 70 Prozent der Produkte für Kinder bei mindestens einem der Vitamine oder Mineralstoffe über dem Referenzwert der Deutschen Gesellschaft für Ernährung für Vier- bis Siebenjährige. Lassen Sie sich also nicht durch Werbeaussagen und Versprechungen verunsichern und fragen Sie dazu lieber Ihre Kinderärztin oder Ihren Kinderarzt.

Was Kinder brauchen, ist ausreichend Schlaf, Bewegung sowie vollwertiges Essen und Trinken nach der Ernährungspyramide.

→ Seite 22 ff.

Soll ich Gemüse, Obst und Fleisch in Bioqualität kaufen?

Nach Möglichkeit ja. Biogemüse, -obst und -fleisch, aber natürlich auch alle anderen Lebensmittel aus der ökologischen Landwirtschaft, werden umweltschonend erzeugt. Bei Obst und Gemüse wird auf leicht lösliche Stickstoffdünger und chemisch-synthetische Pflanzenschutzmittel verzichtet. Deshalb sind darin normalerweise keine Rückstände von Pflanzenschutzmitteln enthalten. Allgegenwärtige Umweltschadstoffe aus Kraftfahrzeugen oder industrieller Produktion sind jedoch auch auf und in ökologisch erzeugten Lebensmitteln nachweisbar. Auch die Produktion von Biofleisch ist umweltfreundlicher als die übliche intensive Tierhaltung. Außerdem enthält Fleisch in Bioqualität seltener und weniger antibiotikaresistente Keime, weil bei dieser Art der Tierhaltung der Einsatz von Antibiotika begrenzt ist.

Wenn Sie Lebensmittel aus ökologischer Landwirtschaft kaufen, tun Sie der Umwelt und Ihrer Gesundheit langfristig etwas Gutes.

→ Seite 31 f.

Was brauchen Kinder für eine gesunde Ernährung?

Die körperliche und geistige Entwicklung, die Konzentrations- und Leistungsfähigkeit sowie die Widerstandskraft gegen Krankheiten werden entscheidend beeinflusst durch das, was wir essen und trinken. Das gilt für Kinder und Erwachsene gleichermaßen. Gesund und fit bleibt man in der Regel mit einer vollwertigen Ernährung.

Vollwertig heißt: Der Körper erhält Nährstoffe wie Vitamine und Mineralstoffe, Ballaststoffe und sekundäre Pflanzenstoffe in ausreichender Menge aus natürlichen Lebensmitteln. Die Menge an Kohlenhydraten, Fetten und Eiweiß als Energielieferanten ist dem individuellen Bedarf angepasst und steht in einem bestimmten Verhältnis zueinander. Mehr erfahren Sie unter dem Stichwort „Gesunde Ernährung" auf www.dge.de.

Kinder haben, bedingt durch Wachstum und Bewegungsdrang, im Vergleich zu Erwachsenen intensivere und schnellere Stoffwechselvorgänge. Sie benötigen Energie – wie viel, ist abhängig von Alter, Körpergröße, Körpergewicht und Bewegungsintensität (Tabelle → Seite 16). Bezogen auf ein Kilogramm Körpergewicht ist ihr Energiebedarf höher als der von Erwachsenen.

Normales Wachsen heißt: Es geht mal in die Breite, mal in die Länge. Das normale Wachstum im ersten Lebensjahr erstreckt sich erst einmal gleichzeitig in die Länge und in die Breite. Am Ende des ersten Lebensjahres haben alle Organe, die mit der Nahrungsaufnahme und Verdauung zusammenhängen, eine gewisse Entwicklung erfahren. Das Kind nimmt jetzt wesentlich langsamer an Gewicht zu als in seinen ersten Lebensmonaten. Sobald es laufen lernt, schwindet das Fettpolster zugunsten der Muskelbildung.

Im Kleinkindalter geht es oft mehr in die Fülle als in die Höhe. Manches Kind wirkt dann richtig pummelig. Zwischen dem fünften und siebten Lebensjahr steht das Längenwachstum im Vordergrund. Das Kind sieht schlanker aus, bevor es vom achten bis zum zehnten Lebensjahr wieder eher an Gewicht und weniger an Größe zulegt. Zwischen dem elften und 15. Lebensjahr gibt es dann wieder ein Längenwachstum. Kinder sind in dieser Zeit häufig mager, hoch aufgeschossen und haben eine schwache Muskulatur. Diese natürlichen Wachstumswellen sollten Eltern berücksichtigen, bevor sie sich möglicherweise unnötige Sorgen wegen des Gewichts ihrer Kinder machen oder gar korrigierende Maßnahmen einleiten.

In der folgenden Übersicht wird der Energiebedarf von Kindern dargestellt. Die Kalorienangaben sind Mittelwerte und gelten für Kinder mit durchschnittlichem Gewicht und durchschnittlicher Größe.

Richtwerte für den Energiebedarf von Kindern (in kcal/Tag)

ALTER	MÄDCHEN	JUNGEN
1–3 Jahre	1.100	1.200
4–6 Jahre	1.300	1.400
7–9 Jahre	1.500	1.700
10–12 Jahre	1.700	1.900
13–14 Jahre	1.900	2.300

Quellen: D-A-C-H Referenzwerte für die Nährstoffzufuhr, www.dge.de/wissenschaft/referenzwerte/energie/ (abgerufen am 08.02.2024)

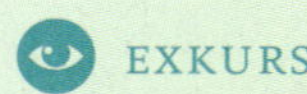

Einflüsse: Familie, Kita, Schule, Werbung

Die ersten Bezugspersonen für Kinder sind die **Eltern**. Ihre Einstellung gegenüber bestimmten Produkten, ihr Umgang mit Lebensmitteln und ihre Essgewohnheiten, sprich das familiäre Ernährungsmuster, übertragen sich automatisch auf das Kind. Für dessen Essverhalten ist deshalb wichtig, womit es aufwächst: mit Pausenbroten von zu Hause oder Snacks vom Kiosk, mit Mahlzeiten aus frischen Lebensmitteln oder aus der Tiefkühltruhe. Egal ob Limo, Kekse oder Würstchen, ob Müsli, Vollkornbrot, Rohkost oder Säfte – was Kindern angeboten wird, betrachten sie als normal und lernen, es zu mögen.

In der **Tagespflege oder Kita** kommen neue Vorbilder hinzu. Das Kind probiert bisher Unbekanntes, die Lebensmittelauswahl wird größer und das Essverhalten ändert sich. Ihr eigener Einfluss auf die Ernährung des Kindes wird geringer. Umso wichtiger wird es, zu Hause für eine gute Auswahl mit viel Gemüse und Obst zu sorgen.

In der **Schule** spielen zunehmend die Freundinnen und Freunde der Kinder und der allgemeine Trend eine Rolle. In Ganztagsschulen werden ein bis zwei Mahlzeiten gegessen. Das Angebot in der Schule übt somit über einen langen Zeitraum Einfluss auf die Essgewohnheiten aus.

Auf dem Schulweg finden sich oft Bäckereien oder Supermärkte, die zum Kauf eines Snacks verleiten. Zusätzlich bieten Schulen die Möglichkeit, ein Pausenfrühstück zu kaufen. Die Auswahl fällt dabei meist auf helle Brötchen mit Wurst, Süßigkeiten oder Eistee anstatt auf Vollkornbrötchen, frisches Obst, Rohkost oder Milch. Da bleiben selbst gemachte Pausenbrote schnell in der Schultasche oder wandern in den Mülleimer. Nach dem Unterricht essen ältere Kinder zudem gern außer Haus mit Freundinnen und Freunden.

Auch das **Fernsehen** und die **sozialen Medien** haben einen großen Einfluss auf das Essverhalten von Kindern. Werbung für Süßigkeiten, Softdrinks und Co. ist oft gezielt auf Kinder ausgerichtet, etwa indem sie Produkte in Verbindung mit eingängiger Musik, coolen Figuren oder wagemutigen Personen zeigt – oder indem angesagte Influencerinnen und Influencer sie als neueste Trends anpreisen. Markennamen prägen sich so sehr gut ein und werden dann bevorzugt gekauft.

Und die **Werbung** erreicht ihre oft schon mit eigenem Smartphone ausgestatte Zielgruppe: Durchschnittlich 15 Lebensmittel sehen Kinder pro Tag in Fernseh- und Internetwerbung. Davon sind über 90 Prozent nach den Kriterien der Weltgesundheitsorganisation als ungesund einzustufen, weil sie zu viel Zucker, Fett oder Salz enthalten – und das, obwohl sich einige große Lebensmittelkonzerne im sogenannten EU-Pledge (www.eu-pledge.eu) verpflichtet haben, keine Werbung für unausgewogene Produkte an Kinder unter zwölf Jahren zu richten. Schaut man sich die Werbung für die entsprechenden Produkte an, bekommt man allerdings einen anderen Eindruck: Ein großer Teil der Webseiten zur Vermarktung von Lebensmitteln enthalten eindeutig Elemente, die besonders Kinder ansprechen sollen und eigene Bereiche mit Spielen aufweisen. Dazu kommen diverse Apps, die Spiele, aber eben auch Werbung enthalten.

Aktuell ist wieder einmal eine gesetzliche Regelung vonseiten des Bundesministeriums für Ernährung und Landwirtschaft in der Diskussion, um an Kinder gerichtete Werbung für Lebensmittel mit zu hohem Zucker-, Fett- oder Salzgehalt einzuschränken und zu regulieren. Dieses Vorhaben stößt jedoch auf großen Widerstand aus der Lebensmittelindustrie und Teilen der Politik. Der Ausgang bleibt ungewiss.

Mehr zum Streit um das entworfene Kinder-Lebensmittel-Werbegesetz erfahren Sie unter:

www.vzbv.de/pressemitteilungen

Suchbegriff „Werbeschranken“

Was wir als Eltern selbst tun können

Vor allem sollten wir unsere Kinder den Werbebotschaften der Industrie nicht unbegleitet aussetzen. Besonders für jüngere Kinder bieten etwa die öffentlich-rechtlichen Sender komplett werbefreie Fernsehsendungen und Apps an. Mit zunehmendem Alter und wachsender Selbstständigkeit können wir unsere Kinder dabei unterstützen, einen bewussten Umgang mit Medien zu erlernen. Hierzu gibt die Initiative „Schau hin!“ wertvolle Informationen und Tipps für den Familienalltag: www.schau-hin.info; auch unter dem Suchbegriff „Werbung“ finden Sie vertiefende Artikel. Und natürlich können wir unseren Kindern von Anfang an Spaß an selbst gemachtem Essen vermitteln und ihnen mit etwas Kreativität leckere Alternativen zu den unausgewogenen Fertigprodukten bieten.

Die Energielieferanten

Kohlenhydrate, Fett und Eiweiß sind die Hauptnährstoffe. Sie liefern Kalorien und damit Energie für Muskeln und Gehirn und sollten regelmäßig über den Tag verteilt aufgenommen werden. Da der Magen bei kleineren Kindern nicht so groß ist, der Energiebedarf pro Kilo Körpergewicht aber vergleichsweise hoch, brauchen Kinder häufigere Mahlzeiten, um ausreichend Energie zu haben (→ Seite 49).

Hier zunächst ein Überblick über ihre wichtigsten Aufgaben im Körper und ihr Vorkommen in bestimmten Lebensmitteln:

Kohlenhydrate

NÄHRSTOFF	AUFGABEN	VORKOMMEN
Stärke	Energielieferant	Getreide, Brot, Hülsenfrüchte, Kartoffeln
Ballaststoffe	Verdauung regulierend, vorbeugend gegen Herz-Kreislauf-Erkrankungen und bestimmte Krebserkrankungen, z.T. cholesterinsenkend und entzündungshemmend	Getreideprodukte aus Vollkorn, z. B. Brot,Nudeln, Müsli und Reis; Hülsenfrüchte, Gemüse, Obst, Nüsse, Pilze
Zucker und andere Süßungsmittel	Energielieferant	u. a. Haushaltszucker, Honig, Ahornsirup, süße Lebensmittel, süße Lebensmittel,Obst

Fett

NÄHRSTOFF	AUFGABEN	VORKOMMEN
pflanzliche Fette	Energielieferant, liefert fettlösliche Vitamine A, D, E sowie einfach und mehrfach ungesättigte Fettsäuren	pflanzliche Öle wie Raps- und Olivenöl, Margarine, Nüsse und andere Samenfrüchte, z.B. Sesam- und Leinsamen
tierische Fette	Energielieferant, liefert fettlösliche Vitamine A, E sowie mehr gesättigte Fettsäuren und wenig ungesättigte Fettsäuren	Butter, Käse, Milch und Milchprodukte, Fleisch, Wurst, Eier

Eiweiß

NÄHRSTOFF	AUFGABEN	VORKOMMEN
pflanzliches Eiweiß	Baustein für das Wachstum und alle Körperzellen, liefert Aminosäuren	Getreide, Getreideprodukte, Hülsenfrüchte wie Bohnen, Linsen; Sojaprodukte
tierisches Eiweiß	Baustein für das Wachstum und alle Körperzellen, liefert Aminosäuren; tierisches Eiweiß ist besser verwertbar als pflanzliches Eiweiß	Fleisch, Fisch, Eier, Milch und Milchprodukte

Vitamine und Mineralstoffe

Vitamine und Mineralstoffe liefern keine Energie, erfüllen im Stoffwechsel aber unterschiedliche lebensnotwendige Aufgaben. Nur wenn sie in ausgewogener Menge aufgenommen werden, können Kinder sich gesund entwickeln. Gesundheitsfördernd sind auch die sogenannten sekundären Pflanzenstoffe. Sie wirken zum Beispiel antibakteriell und krebsvorbeugend und kommen nur in pflanzlichen Lebensmitteln vor, zum Beispiel als Farbstoff in Möhren und Brokkoli oder als Öle und Aromen in Kräutern und Zwiebelgewächsen.

Zwei große deutsche Studien – DONALD- und EsKiMo-Studie – zeigen, dass bis auf wenige Ausnahmen die Nährstoffversorgung bei Kindern allgemein gut ist. Nicht gänzlich erreicht werden die empfohlenen Mengen für die Vitamine Folat und Vitamin D sowie die Mineralstoffe Eisen, Jod und Calcium. Das bedeutet aber nicht, dass diese Kinder an einem Mangel leiden, da die Empfehlungen sehr großzügig bemessen sind. Es kann jedoch nicht schaden, die Versorgung mit diesen Stoffen durch passende Lebensmittel zu verbessern. Im nächsten Abschnitt schauen wir uns den Bedarf an diesen und weiteren kritischen Nährstoffen einmal genauer an.

Was Kindern manchmal fehlt

Beim Blick auf das Essen der Kinder hat sich gezeigt, dass die Aufnahme von Energie aus Kohlenhydraten, Fetten und Eiweiß im Durchschnitt den Empfehlungen entspricht. Eine ausreichende Versorgung ist auch bei den meisten Vitaminen und Mineralstoffen gegeben. Dennoch kommen einige Nährstoffe zu kurz und sollten bei der Auswahl der Lebensmittel besonders beachtet werden.

Aus der Gruppe der Kohlenhydrate sind das vor allem die Ballaststoffe. Sie haben wichtige Funktionen im Darm und sind reichlich in Vollkorngetreide zu finden.

Bei den Vitaminen und Mineralstoffen sind es Eisen, Jod, Calcium, Folat und Vitamin D, die Kinder manchmal zu wenig aufnehmen. Deshalb werden sie auch als „kritische Nährstoffe" bezeichnet. Der Bedarf steigt mit zunehmendem Alter:

Bedarf an kritischen Vitaminen und Mineralstoffen

NÄHRSTOFFE	1–3 JAHRE	4–6 JAHRE	7–9 JAHRE	10–12 JAHRE W	10–12 JAHRE M	13–15 JAHRE W	13–15 JAHRE M
Eisen in mg	8	8	10	15	12	15	12
Jod in µg	100	120	140		180		200
Calcium in mg	600	750	900		1.100		1.200
Folat in µg	120	140	180		240		300
Vitamin D in µg	20	20	20		20		20

Quelle: D-A-C-H Referenzwerte für die Nährstoffzufuhr (abgerufen am 08.02.2024)

Calcium ist ein wichtiger Baustoff für Knochen und Zähne und mitverantwortlich für die Funktion von Muskeln und Sehnen. Der Mineralstoff ist hauptsächlich in Milch und Milchprodukten, aber auch in Nüssen, Gemüsearten wie Brokkoli, Grünkohl oder Spinat sowie in calciumreichem Wasser enthalten.

Eisen ist wichtig für den Transport von Sauerstoff im Blut. Außer Fleisch leisten vor allem Vollkornprodukte, Nüsse und grünes Gemüse einen wesentlichen Beitrag zur Versorgung.

Die Jodzufuhr hatte sich aufgrund zahlreicher Maßnahmen in Deutschland zunächst verbessert. Dieser positive Trend ist leider wieder rückläufig: Grund kann der verringerte Einsatz von Jodsalz in der Lebensmittelherstellung sein. Jod wirkt als Bestandteil der Schilddrüse und beeinflusst zahlreiche Stoffwechselprozesse. Der Verzehr von Seefisch, Milch und Eiern sowie die Verwendung von Jodsalz tragen wesentlich zur optimalen Versorgung bei.

Folat gehört ebenso wie Vitamin D zu den Vitaminen, die bei den derzeitigen Essgewohnheiten häufig nicht ausreichend aufgenommen werden. Folat ist als Bestandteil von Enzymen wichtig für die Zellneubildung und -teilung. Reich an Folat sind Blattgemüse, Salat, einige Kohlarten, Kartoffeln, Tomaten, Orangen, Eier und Vollkornprodukte.

Eine ausreichende Versorgung mit Vitamin D ist Voraussetzung für eine optimale Calciumaufnahme und somit für den Aufbau von Knochensubstanz. Vitamin D wird mithilfe von ultraviolettem Licht aus Vorstufen in der Haut gebildet. Wie viel Vitamin D dabei entsteht, ist abhängig vom Hauttyp, vom Anteil der unbekleideten Hautfläche und der Dauer des Aufenthalts im Freien. Nach heutiger Kenntnis reicht die Sonnenstrahlung in unseren Breiten nicht aus, um auch im Winter genügend Reserven an Vitamin D zu bilden. Daher kann es sinnvoll sein, dass Kinder ein Vitamin-D-Präparat einnehmen. Sprechen Sie am besten mit Ihrer Kinderärztin oder Ihrem Kinderarzt darüber. Vitamin D kommt in nennenswerten Mengen in fettreichem Fisch (zum Beispiel Lachs, Hering, Makrele), Pilzen, Butter, vollfetten Milchprodukten, angereicherter Margarine und Eigelb vor.

Da Sie die Aufgaben und das Vorkommen dieser wichtigen Vitamine und Mineralstoffe in Lebensmitteln nun kennen, wird Ihnen die Zusammenstellung optimaler Mahlzeiten leichter fallen. Zahlreiche Beispiele für gesunde Gerichte finden Sie in unserem Rezeptteil ab → Seite 92.

Was tun?

Bei allen hier erwähnten Nährstoffen und den Angaben zu den ermittelten Bedarfen ist wichtig zu wissen: Kein Kind und kein Erwachsener isst genau nach Plan täglich das, was der Körper theoretisch braucht. Trotzdem ist eine Gabe von Nahrungsergänzungsmitteln in der Regel nicht notwendig! Essen sollte einfach Spaß machen, genussvoll und ein schönes gemeinsames Familienerlebnis sein.

Hilfreich ist ein vielfältiges, abwechslungsreiches Angebot, am besten nach Saison. Orientieren Sie sich auch an den Vorlieben der Kinder. Denn das beste Angebot nützt nichts, wenn Ihr Kind keine Lust darauf hat.

Nehmen Sie sich Zeit, gemeinsam mit Ihrem Kind zu kochen. So wird es neugierig darauf, wie das fertige Gericht schmeckt.

Die Idealverteilung der Nährstoffe

In einer idealen Ernährung stehen die Hauptnährstoffe und Energielieferanten in folgendem Verhältnis zueinander:

Mehr als 50 Prozent der Nahrungsenergie liefern die Kohlenhydrate. Dazu gehören Stärke, Zucker und Ballaststoffe. Diese Lebensmittelgruppe sollte vor allem in Form von Getreide, Kartoffeln, Obst und Gemüse verzehrt werden. Ein Gramm Kohlenhydrate liefert rund vier Kilokalorien.

Fette machen ca. 30 Prozent der Nahrungsenergie aus. Sie sollten vorwiegend pflanzlicher Herkunft sein, zum Beispiel aus Nüssen und Ölen. Ein Gramm Fett liefert rund neun Kilokalorien.

Der Rest, also ca. 15 Prozent der Energie, kommt aus Eiweiß, zum Beispiel aus Pflanzen wie Getreide, Hülsenfrüchten und Kartoffeln und aus tierischen Produkten wie Milch, Eiern, Fleisch und Fisch. Ein Gramm Eiweiß liefert ebenfalls rund vier Kilokalorien.

Auf Basis der genannten Prozentzahlen können Sie theoretisch die alters- und geschlechtsspezifischen Mengen einzelner Lebensmittel berechnen und sich bei der Zusammenstellung der Mahlzeiten orientieren. Bedenken Sie aber, dass es sich um eine Idealverteilung handelt – niemand kann und muss sich in der Praxis grammgenau an diese Berechnungen halten, um seinem Kind eine angemessene Ernährung zu bieten. Wichtig ist in etwa das Verhältnis, in dem die genannten Nährstoffe zueinander stehen.

Auf den folgenden Seiten stellen wir Ihnen eine alltagsfreundliche Methode vor, mit der Sie die geeigneten Lebensmittelmengen und Portionsgrößen bestimmen können.

GUT ZU WISSEN

Eine schnelle Orientierung im Supermarkt ermöglicht der Nutri-Score. Er zeigt die Nährwertzusammensetzung von verarbeiteten Lebensmitteln mit einem fünfstufigen Farb- und Buchstabensystem von A (grün) bis E (rot) an und macht Produkte somit gut vergleichbar. Diese Kennzeichnung ist allerdings freiwillig und wird seit ihrer Einführung 2020 zwar von immer mehr, jedoch längst nicht von allen Herstellern genutzt.
Weitere Informationen zum Nutri-Score finden Sie unter:
verbraucherzentrale.nrw/nutriscore

Die Ernährungspyramide

Manchmal ist es schwierig, aus dem unüberschaubar großen Lebensmittelangebot das zu erkennen, was lecker und gesund, qualitativ gut und den Preis wert ist. Die Ernährungspyramide zeigt, wie es gehen kann. Sie ist eine familientaugliche Orientierungshilfe für die richtige Auswahl der Lebensmittel und hilft, die passenden Portionsgrößen und Mahlzeitenkombinationen zu finden.

Vegetarisch essen & trinken mit der Ernährungspyramide

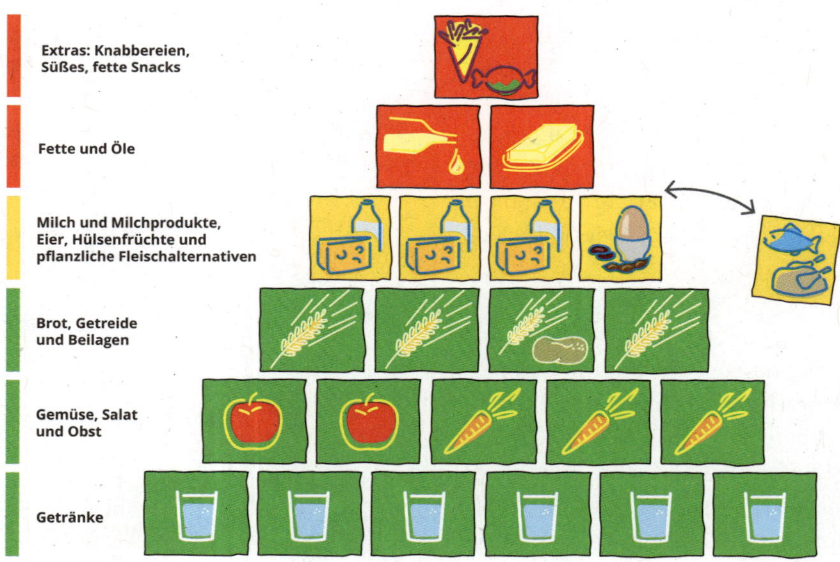

www.bzfe.de

Wir haben hier die Darstellung der vegetarischen Pyramide gewählt. Die Pyramide wurde modifiziert, um auch eine vegetarische Ernährungsweise abzubilden. Dabei wird der Baustein „Fisch, Fleisch, Wurst und Ei“ gegen den Baustein Hülsenfrüchte und ein Ei getauscht.

Empfehlungen aus der Ernährungspyramide

FARBE IN DER PYRAMIDE	EBENE DER PYRAMIDE	MENGENEMPFEHLUNG PRO TAG	BESONDERHEITEN
Grün	1. Ebene	6 Portionen	reichlich energiefreie Getränke wie Wasser und Tee
Grün	2. Ebene	5 Portionen Gemüse und Obst (roh oder zubereitet)	mehr Gemüse als Obst, auch als Rohkost
Grün	3. Ebene	4 Portionen Brot, Getreide und Beilagen	möglichst Vollkornprodukte bei Brot und Getreide, Kartoffeln
Gelb	4. Ebene	3 Portionen Milch, Milchprodukte und 1 Portion Hülsenfrüchte oder 1 Portion Fleisch oder 1 Portion Wurst oder 1 Portion Fisch oder 1 Ei	fettarme Milch, Milchprodukte; Hülsenfrüchte wie Linsen, Bohnen, Erbsen; Fleisch und Wurst; ab und zu fettreicher Seefisch Eier
Rot	5. Ebene	2 Portionen Öl, (Streich-)Fett	pflanzliche Fette bevorzugen
Rot	6. Ebene	1 Portion Süßigkeiten oder Snacks	Süßigkeiten einschränken

→ **TIPP**

Weitere Informationen zur Ernährungspyramide finden Sie auch unter: **www.bzfe.de/ernaehrung**

Wie sich die Pyramide über einen Tag hinweg passend füllen lässt, zeigt das nachfolgende Beispiel für einen gesunden Tagesplan. Wie groß die jeweiligen Portionen sind, wird mit dem praktischen Handmodell ab → Seite 26 erläutert. Die einzelnen Lebensmittelgruppen werden im folgenden Kapitel ab → Seite 29 näher beschrieben.

Beispiel für einen gesunden Tagesplan

Jan isst zum Frühstück Müsli* mit Joghurt und frischem Obst und trinkt eine Tasse Kräutertee. In seiner Brotdose für die große Pause findet er eine Scheibe Vollkornbrot mit Apfel-Curry-Aufstrich*, dazu knabbert er Kohlrabischeiben und trinkt Mineralwasser. Bisher sind nur grüne und gelbe Bausteine der Pyramide gefüllt. Beim Mittagessen in der Schule kommen weitere Ebenen hinzu: Dort gibt es einen Nudel-Gemüse-Auflauf* mit Sahnesoße und Käsekruste, dazu stilles Wasser. Zum Nachtisch freut er sich über ein Schälchen Götterspeise. Als Jan von der Schule kommt, hat sein Vater einen bunten Rohkostteller vorbereitet und mischt ihm eine Saftschorle. Zum Abendessen gibt es Weizenbrötchen* mit Butter und Möhren-Hummus*, die sich Jan mit Gurkenscheiben und Paprikastreifen belegt. Dazu trinkt er Früchtetee.

* Die Rezepte finden Sie ab → Seite 92.

Das Handmodell

Sie haben die richtige Auswahl bei den Lebensmitteln getroffen und die Anzahl der Portionen ermittelt. Doch nun stellen Sie sich die Frage: Was bedeutet eine Portion? Wie groß darf die Menge sein? Die richtige Menge ist die, mit der der Energie- und Nährstoffbedarf dem Alter des Kindes entsprechend gedeckt werden kann. Dann wächst das Kind gesund auf, ist fit und leistungsfähig und entwickelt ein normales Gewicht.

Ohne lästiges Berechnen und Abwiegen bedeutet das: Die Portionsgröße orientiert sich an der Größe der eigenen Hand. Nach dem Motto „Kleine Hände, kleine Portionen – große Hände, große Portionen" ist dieses Maß individuell und wächst mit.

Für Kleinkinder sind die Mengen für Getränke, Milch und Milchprodukte etwas kleiner als im Handmodell dargestellt. Näheres erfahren Sie im folgenden Kapitel.

Nach dem Handmodell geeignete Portionen

LEBENSMITTEL	PORTIONSGRÖSSE
für die Getränke	ein volles Glas (100–250 ml)
für Beilagen wie z.B. Kartoffeln, Reis, Nudeln, Hülsenfrüchte	beide Hände zur Schale geformt
für Brot	die ganze Handfläche
für Obst und Gemüse großstückig, z.B. ein ganzer Apfel	eine Handvoll
für Obst und Gemüse/Salat, kleinstückig	beide Hände zur Schale geformt
für Milch, Joghurt	1 Glas (100–150 ml) 1 Becher (100–150 g)
für Käse, Wurst, Fleisch	der Handteller
für Fett	in Esslöffeln gemessen, je nach Alter 1,5–2 EL pro Tag
für Süßigkeiten	eine Handvoll

Milch

Was Sie über Lebensmittel wissen sollten

Sie wissen nun, welche Lebensmittelgruppen wichtig sind und wie viel wovon gegessen werden sollte. Näheres zur konkreten Auswahl lesen Sie in diesem Kapitel. Im Rezeptteil ab → Seite 92 finden Sie jeweils passende Rezepte.

Getränke

Tagesmenge	**=**	**6 Portionen**
1 Portion	**=**	**1 Glas oder Becher (100–250 ml)**

Ausreichend zu trinken ist essenziell. Schon bei einer leichten Unterversorgung lassen körperliches und geistiges Leistungsvermögen und auch das Wohlbefinden nach.

Kleinkinder sollen 0,6 bis 1 Liter, Schulkinder 1 bis 1,5 Liter trinken. Diese Mengen können zum Beispiel auf sechs Portionen aufgeteilt werden. Bei großem Durst und Hitze kann es natürlich auch mal mehr sein.

Wenn Ihr Kind von sich aus wenig trinkt, erinnern Sie es immer wieder daran oder bieten Sie ihm direkt etwas an. Zu jeder Mahlzeit gehört ein Getränk aus der Kategorie „empfehlenswerte Durstlöscher“: Trinkwasser, Mineralwasser mit oder ohne Kohlensäure, Kräuter- und Früchtetees ohne Zucker und Fruchtsaftschorlen bzw. verdünnte Obst- und Gemüsesäfte (1 Teil Saft und 3 Teile Wasser).

Limonaden, Eistee, Cola- und Fruchtsaftgetränke sowie Fruchtnektare hingegen enthalten Zusatzstoffe und viel Zucker und gehören in die Spitze der Ernährungspyramide. Auch unverdünnte Obst- und Gemüsesäfte oder Smoothies sollten lediglich ab und zu eine der empfohlenen fünf Portionen Obst und Gemüse am Tag ersetzen. Milch, Milchmischgetränke und Kakao zählen wegen ihres hohen Energiegehalts eher als

Zwischenmahlzeit und sind zum Durstlöschen nicht geeignet.

Grundsätzlich gut: Qualität von Trinkwasser

Trinkwasser ist unser wichtigstes Lebensmittel. Es muss so beschaffen sein, dass ein Mensch es ein Leben lang unbedenklich trinken kann: keimarm, farb- und geruchlos, kühl und geschmacklich einwandfrei.

Zapfen Sie Ihr Trinkwasser immer frisch aus der Leitung. Das gilt auch, wenn es anschließend in einem Wassersprudler mit Kohlensäure angereichert wird. Wassersprudler und die dazugehörigen Flaschen sollten Sie regelmäßig reinigen.

Weitere Informationen finden Sie unter: **www.verbraucherzentrale.nrw/trinkwasser**

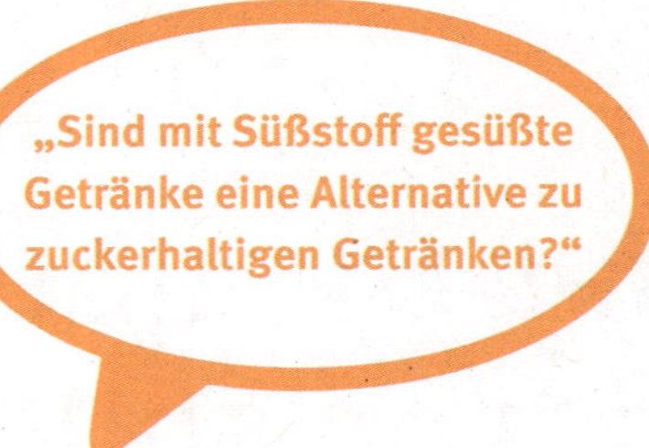

Nein, diese „Lightgetränke“ sind keine Alternative. Durch den Austausch des Zuckers gegen Süßstoffe sind zwar die Kalorien reduziert, aber die Gewöhnung an Süßes bleibt. → Seite 73 ff.

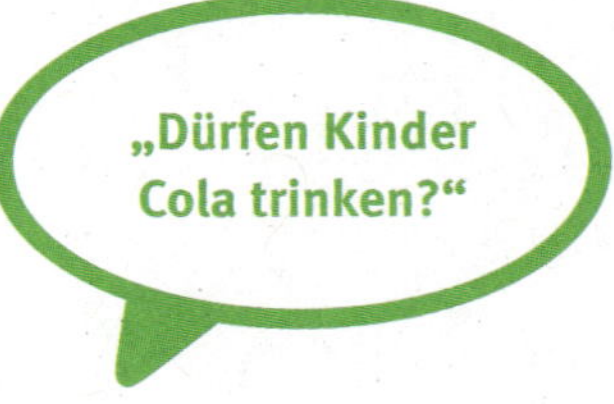

Sicher würden Sie Ihrem Kind keinen Kaffee anbieten, oder? Auch Cola-Getränke enthalten Koffein und sind deshalb für Kinder ungeeignet. Unabhängig davon bietet Cola wenig Aufmunterndes: Wasser, sieben Stücke Würfelzucker pro 200 Milliliter, Kohlensäure, Farbstoffe, Säuerungsmittel, Aromastoffe – keine Vitamine, keine Mineralstoffe.

Auch Cola light oder Cola ganz ohne Zucker ist keine Alternative, denn auch sie enthält Koffein. „Kinder-Cola“ wiederum ist zwar koffeinfrei, weist aber den vollen Zuckergehalt auf.

Gemüse und Obst

Tagesmenge	**=**	**5 Portionen**
1 Portion großstückig	**=**	**1 Handvoll**
1 Portion kleinstückig	**=**	**beide Hände zur Schale geformt**

Kaum eine Lebensmittelgruppe bietet eine so bunte Vielfalt wie Gemüse und Obst. Bei der Auswahl orientieren Sie sich am besten am regionalen und saisonalen Angebot. Denn Treibhausgemüse enthält meist mehr Nitrat als Freilandgemüse und benötigt bei seiner Erzeugung zusätzliche Energie. Wann es was gibt und aus welchem Anbau, sehen Sie hier:
verbraucherzentrale.nrw/saisonkalender

Gemüse ist kalorienarm, reich an Vitaminen, Mineral- und Ballaststoffen und an sekundären Pflanzenstoffen. Es sollte möglichst frisch sein und die Hälfte der Tagesportion sollte roh verzehrt werden.

Tiefkühlgemüse kann, wenn das Angebot gerade nicht so üppig ist, eine Alternative zu frischem Gemüse sein, dann aber möglichst ohne weitere Zusätze wie Gewürze, Sahne oder Butter.

Süß, saftig, bunt – das ist Obst. Mit seinen vielfältigen Zubereitungsmöglichkeiten ist für jeden Kindergeschmack etwas dabei. Wenn Sie es in roher Form anbieten, liefert es wertvolle Vitamine, vor allem Vitamin C und Mineralstoffe. Es ist eine ideale Ergänzung zum Frühstück, eine Zwischenmahlzeit oder Nachspeise. Eine Portion Trockenobst kann ab und zu ein Stück Obst ersetzen.

→ TIPP
Vermeiden Sie Konserven, denn durch das Erhitzen in der Dose gehen viele Vitamine verloren. Obstkonserven enthalten zudem meist viel Zucker. Kaufen Sie stattdessen saisonales Obst und Gemüse in Bioqualität.

„Sind Smoothies ein guter Ersatz für frisches Obst?“

Smoothies sind sogenannte Ganzfruchtgetränke. Im Gegensatz zum Fruchtsaft wird das Obst nicht ausgepresst, sondern die ganze Frucht fein püriert. Selbst hergestellte Smoothies können eine Alternative sein, wenn Ihr Kind nicht gern Obst isst. Pürieren Sie dafür Früchte, zum Beispiel Erdbeeren oder Bananen, mit Naturjoghurt oder etwas

Milch bzw. Pflanzendrink. Gekaufte Smoothies bestehen vorrangig aus püriertem Obst, Säften oder Konzentraten. Da es für ihre Zusammensetzung keine Vorschriften gibt, lässt sich die Qualität nur anhand der Zutatenliste erkennen. Achten Sie darauf, dass gekaufte Smoothies nicht hauptsächlich aus preiswerterem Saft bestehen, den man dann teuer bezahlt, und dass sie keinerlei Zusatzstoffe und Zucker enthalten.

„Kann ich mich auf die Begriffe ‚Bio' und ‚Öko' bei Lebensmitteln verlassen?"

Ja, denn die Bezeichnungen „Bio" und „Öko" sind lebensmittelrechtlich definiert. Alle Lebensmittel, die die Worte „Bio" oder „Öko" in ihrem Namen führen, müssen den Anforderungen der EU-Öko-Verordnung entsprechen. Diese Verordnung regelt sowohl die Mindeststandards für die Erzeugung und Verarbeitung aller Ökolebensmittel als auch die Kennzeichnung und Kontrolle der Betriebe. Begriffe wie „umweltschonend", „unbehandelt" oder „ohne Chemie" garantieren dies nicht.

Getreide, Brot, Kartoffeln

Tagesmenge	**=**	**4 Portionen**
1 Portion Getreide oder Beilagen	**=**	**beide Hände zur Schale geformt**
1 Portion Brot	**=**	**1 Scheibe in der Größe der Handfläche**

Getreide und Getreideprodukte

Die Auswahl an Getreide und Getreideprodukten – auch aus dem vollen Korn – ist groß: Brot, Brötchen, Müsli, Nudeln, Reis. Auch Hirse, Grünkern oder die sogenannten Pseudogetreidearten Amaranth und Quinoa bereichern unseren Speiseplan. Kinder essen Vollkornprodukte gern, wenn sie zum Beispiel als Pfannkuchen, Müsli oder Vollkornbrötchen mit Rosinen, Sesam oder Sonnenblumenkernen angeboten werden. Vollkornkuchen können Sie mit viel Obst oder Quark zubereiten.

 ACHTUNG

Brote oder Brötchen mit Bezeichnungen wie „Mehrkornbrot“ oder „-brötchen“ sind in der Regel keine Vollkornbackwaren, sondern aus hellem Mehl mit geringen Körneranteilen hergestellt. Eine dunklere Farbe ist ebenfalls kein eindeutiges Merkmal – sie entsteht oftmals durch Zusetzen von Malzextrakten. Wenn Sie es genau wissen möchten, fragen Sie in der Bäckerei explizit nach Vollkornprodukten oder einem Zutatenverzeichnis.

Wir empfehlen Brot und Brötchen aus Vollkornmehl. Wenn Ihr Kind bisher Backwaren aus Weißmehl gewöhnt ist, eignet sich zum Kennenlernen auch eine Mischung aus Vollkorn- und hellem Mehl. Auch wenn das Vollkornmehl fein gemahlen und/oder mit geschroteten oder ganzen Körnern, Samen und Nüssen versehen ist, kommt es manchmal besser an. Wenn Sie eine Vollkornbäckerei oder einen Bioladen in der Nähe haben, sind Sie gut versorgt. In anderen Bäckereien sollten Sie gezielt nachfragen. Mehl aus dem vollen Korn wird unter der Bezeichnung „Vollkornmehl“ angeboten. Eine Typenbezeichnung wie bei hellem Mehl (Type 405) ist nicht vorgeschrieben. Vollkornbrot und -brötchen müssen zu 90 Prozent aus Vollkornmehl oder -schrot hergestellt werden.

Vollkorngetreideflocken, einzeln oder in (zuckerfreien) Müslimischungen, sind ebenfalls eine Möglichkeit, Getreide bei den Mahlzeiten zu berücksichtigen.

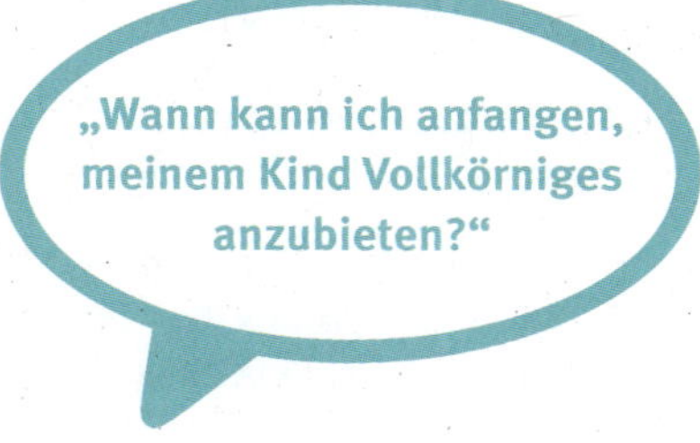

Wenn die Backenzähne da sind und Ihr Kind gut kauen kann. Die Körner sollten nicht zu grob sein.

Ein guter Einstieg ist zum Beispiel Vollkornmehl oder feineres Schrot für Bratlinge. Manche Kinder müssen sich erst an die dunklere Farbe, den etwas anderen Geschmack und die festere Konsistenz gewöhnen. Bieten Sie Vollkornprodukte erst in kleinen Portionen an und steigern Sie die Menge langsam.

Kartoffeln

Frisch zubereitete Kartoffeln, gegart als Pellkartoffeln oder verarbeitet zu Püree, bringen Abwechslung in die warmen Mahlzeiten. Sie sind die Basis für zahlreiche Rezepte, die schnell oder auch aufwendig zubereitet werden. Fettreiche Varianten wie Pommes frites, Kroketten oder Reibekuchen sollten seltener auf dem Speiseplan stehen. Nicht empfehlenswert sind Trockenprodukte wie zum Beispiel Püree- und Kloßpulver. Sie weisen nicht mehr den ursprünglichen Nährstoffgehalt auf, sind allerdings mit einer Reihe weiterer Zutaten und Zusatzstoffe versehen.

 EXKURS

Acrylamidgehalt in Pommes frites, Cerealien & Co.

Acrylamid entsteht beim Erhitzen und Bräunen von Lebensmitteln wie Pommes frites, Chips oder Bratkartoffeln. Aber auch in Getreideprodukten wie Keksen, Kräckern, Toast- oder Knäckebrot und in gerösteten Cerealien ist Acrylamid zu finden. Bei der Verwendung von Honig kann beim Erhitzen über 120 Grad Celsius bei geringer Feuchtigkeit ebenfalls Acrylamid entstehen. Ein Gutachten der Europäischen Behörde für Lebensmittelsicherheit bestätigt, dass Acrylamid in Lebensmitteln das Krebsrisiko potenziell erhöht. Zusätzlich steht es wahrscheinlich im Zusammenhang mit der Entstehung von Genmutationen und Tumoren. Seit 2018 sind Lebensmittelhersteller gesetzlich verpflichtet, Maßnahmen zur Senkung des Gehaltes zu ergreifen. Da insbesondere Kinder bei einer Ernährung mit vielen Pommes frites, Chips, Keksen und Toast schnell höhere Mengen aufnehmen, sollte man Folgendes beachten:
Um den Acrylamidgehalt möglichst gering zu halten, sollte die Temperatur in der Fritteuse nicht über 175 °C, im Backofen nicht über 180 °C Umluft und 200 °C Ober-/Unterhitze liegen. Der Bräunungsgrad sollte maximal goldgelb sein und dickere Pommes frites mit einem weichen Kern sind dünnen, festen Pommes vorzuziehen, weil Acrylamid an der Außenfläche entsteht. Backpapier oder eine Dauerbackfolie halten die Acrylamidwerte niedriger, weil die Kontaktbräune geringer ist. Cerealien sind besonders bei Kindern heiß begehrt. Werden diese jedoch aus geröstetem Getreide hergestellt, kann der Acrylamidgehalt in die Höhe schnellen.
Fazit: Pommes frites, Chips, Kräcker oder Cerealien enthalten nicht nur Acrylamid, sondern auch mehr Fett oder Zucker als nötig. Sie sollten also nicht zu häufig angeboten werden.

Milch und Milchprodukte

Tagesmenge	**=**	**3 Portionen Milch, Milchprodukte, Käse**
1 Portion Milch	**=**	**1 Glas oder Becher (100–150 ml)**
1 Portion Käse	**=**	**1 Scheibe in der Größe des Handtellers**

Milch und Milchprodukte sind die wichtigsten Calciumquellen und liefern zusätzlich wertvolles Eiweiß und Fett. Im riesigen Angebot sind außer Milch noch Joghurt, Quark, Buttermilch und Dickmilch, naturbelassen und ohne weitere Zusätze, eine gute Wahl. Für die Kinderernährung sind fettarme Varianten mit 1,5 Prozent Fettgehalt empfehlenswert. Sie können diese Milchprodukte gut mit Obst, ungezuckerten Getreidepops oder Kräutern reichen. Kindermilchprodukte mit Knusperstückchen und bunten Perlen enthalten meist viel Zucker. Sie sind daher als Süßigkeit zu werten und sollten als solche eher die Ausnahme bleiben.

Mit täglich einem viertel bis einem halben Liter Milch oder Milchprodukten und einer Portion Käse leisten Sie schon einen wesentlichen Beitrag für eine optimale Calciumversorgung. Bei Käse empfehlen sich Sorten mit einem mittleren Fettgehalt von bis zu 45 Prozent Fett i. Tr.

Ein Glas Milch (200 Milliliter mit 1,5 Prozent Fett) enthält ca. 100 Kilokalorien. Daher sollte Milch als nahrhaftes Lebensmittel und nicht als Getränk betrachtet werden.

Übrigens: Sahne ist zwar ein Milchprodukt, gehört aber aufgrund des hohen Fettgehalts in die Spitze der Ernährungspyramide.

ACHTUNG

Rohmilch, die nicht erhitzt wurde, ist für Kinder ungeeignet, da sie Erreger von Lebensmittelinfektionen enthalten kann. Unbedingt vorher abkochen!

→ **TIPP**

Weitere Informationen zur Erzeugung, Verarbeitung und Unterscheidung einzelner Angebote im Milchregal hat die Verbraucherzentrale NRW in diesem Artikel zusammengestellt: **verbraucherzentrale.de/node/12775**

„Mein Kind mag keine Milch. Fehlen ihm dann Nährstoffe?“

Neben Milch enthalten auch Milchprodukte wie Käse, Joghurt und Quark den wichtigen Mineralstoff Calcium. Ein Kakao kann eine Alternative sein, wenn Ihr Kind den Geschmack von reiner Milch ablehnt. Achten Sie aber auf den Zuckergehalt. Ein Teelöffel Instantkakao enthält vier Gramm Zucker (= ca. 1,5 Zuckerwürfel). Besser ist selbst gekochter Kakao mit reinem Kakaopulver und weniger Zucker.

Vielleicht schmecken Ihrem Kind auch selbst hergestellte Milchmischgetränke, zum Beispiel mit frischen Beeren oder Bananen. Die mit Fruchtgeschmack angebotenen fertigen Milchmischgetränke oder Instantpulver sind ebenfalls zuckerreich.

GUT ZU WISSEN

Wie gut ist Reis fürs Klima?

Im Vergleich zu anderen Getreidesorten wie Weizen oder Dinkel hat Reis eine hohe, schädliche Klimawirkung. Traditionell wird Reis auf großer Landfläche unter hohem Wasserverbrauch angebaut. So werden für ein Kilo Reis 3.000 bis 5.000 Liter Wasser verbraucht. Weil die Reispflanze unter Wasser steht, verfaulen organische Stoffe im Boden und setzen dabei u. a. das klimaschädliche Gas Methan frei, das in seiner Wirkung deutlich schädlicher ist als CO_2. Dieser sogenannte Nassreisanbau macht etwa 75 Prozent der weltweiten Anbaumenge aus. Demnach ist der Verzehr von Reis nicht nur mit einem hohen Wasserverbrauch verbunden, sondern er ist auch besonders klimabelastend. Alternative Getreidesorten als ganzes Korn sind zum Beispiel Dinkel, Grünkern, Hafer, Weizen, Hirse, Einkorn, Zweikorn (Emmer) oder Kamut. Couscous oder Bulgur aus Weizen oder Hartweizen sind ebenfalls als Alternative geeignet. Nachhaltig und schmackhaft ist Dinkelreis, der aus entspelzten und geschliffenen Dinkelkörnern besteht. Dinkelreis enthält doppelt so viel Eiweiß, mehr Vitamine und Mineral- und Ballaststoffe als Reis, kann aber genauso wie Reis zubereitet werden und hat die gleiche Kochzeit.

Pflanzendrinks, etwa aus Soja, Hafer, Dinkel oder Kokos können immer mal wieder eine leckere und umweltschonende Alternative sein. Sie sind ernährungsphysiologisch aber nicht als Ersatz für Milch zu werten. Mit Calcium angereicherte Pflanzendrinks können helfen, die Calciumversorgung zu verbessern. Beachten Sie in jedem Fall die Nährwerttabelle auf der Verpackung – auch im Hinblick auf den Zuckergehalt. Weitere Hintergrundinfos zu Pflanzendrinks finden Sie bei der Verbraucherzentrale NRW: verbraucherzentrale.nrw/pflanzendrinks

Hülsenfrüchte, Fleisch, Fisch, Eier

Tagesmenge	**=**	**1 Portion Hülsenfrüchte, Fleisch, Fisch oder Ei**
1 Portion Hülsenfrüchte	**=**	**beide Hände zur Schale geformt**
1 Portion Fleisch oder Fisch	**=**	**1 Stück in der Größe des Handtellers**

Diese Lebensmittelgruppe ist bei Kindern oft sehr beliebt und kann einen wertvollen Beitrag zur Versorgung mit hochwertigem Eiweiß (Hülsenfrüchte), wichtigen Mineralstoffen wie Eisen (Fleisch, Eier) und Jod (Fisch) sowie B-Vitaminen leisten.

Bei vegetarisch ernährten Kindern empfiehlt es sich, die Portion Fisch, Fleisch und Wurst durch Eier, Hülsenfrüchte und (möglichst wenig verarbeitete) pflanzliche Alternativen zu ersetzen. Eine bewusste vegetarische Ernährung ist auch für Kinder unproblematisch, eine vegane hingegen nicht empfehlenswert.

Hülsenfrüchte

Hülsenfrüchte zählen im weitesten Sinne zum Gemüse, werden aber in der Ernährungspyramide neben Milch/Milchprodukten als Eiweißlieferanten eingeordnet. Dazu gehören zum Beispiel die getrockneten Samen von Bohnen, Erbsen, Linsen und Kichererbsen. Sie sind wichtige Lieferanten von hochwertigem Eiweiß, Ballaststoffen, Eisen, Folat und Vitamin B1. Insbesondere bei einer vegetarischen oder stark pflanzenbetonten Ernährung sind sie in Kombination mit Getreide wichtig, um mit allen Aminosäuren, also den Eiweißbausteinen, gut versorgt zu sein.

Das Angebot an Hülsenfrüchten ist vielfältig und bunt: gelbe und grüne Erbsen, weiße, schwarze und rote Bohnen, Augenbohnen, grüne, braune, schwarze und rote Linsen und einige mehr. Zur Verbesserung der Verdaulichkeit empfiehlt es sich, gut zu kauen und ausreichend zu trinken. Durch die Kombination mit Vitamin-C-reichem Gemüse (zum Beispiel Paprika, Brokkoli)

Mehr pflanzlich, weniger tierisch – warum?

Besonders Sie als Eltern haben das Wohl Ihrer Kinder immer im Blick und wünschen sich eine sichere Zukunft für Ihren Nachwuchs. Aber unser Zeithorizont, den wir überblicken, reicht oft nur für die nächsten 10 bis 20 Jahre. Damit sich jedoch alle Menschen auf unserem Planeten auch danach noch nachhaltig und gesund ernähren können, sollten wir schon heute schonender mit den Ressourcen auf unserem Planeten umgehen. 37 Forschende aus 16 Ländern haben eine Grundlage für die Umgestaltung des gesamten Ernährungssystems entwickelt, um das zu ermöglichen, und zwar die „Planetary Health Diet“. Mit dieser Form der Ernährung können wir unsere Gesundheit und die des Planeten gleichermaßen schützen (weitere Infos: **www.bzfe.de** unter dem Stichwort „Planetary Health Diet“). Ein wichtiger Punkt dabei ist die Ausrichtung des Speiseplans auf mehr pflanzliche Lebensmittel wie Getreide, Gemüse und Hülsenfrüchte. Denn die Produktion von tierischen Lebensmitteln ist deutlich klimaschädlicher. Auch im Hinblick auf unsere Gesundheit sollten pflanzliche Lebensmittel bevorzugt und zum Beispiel Fleisch nur als eine Ergänzung gesehen werden. Daher versuchen auch wir in diesem Ratgeber, die Rezepte entsprechend zu gestalten. So lernen Ihre Kinder von Anfang an eine pflanzenbetontere Kost kennen, die ein gesundes Aufwachsen auch noch für nachfolgende Generationen möglich macht.

wird die Verfügbarkeit des Eisens verbessert. Dies ist von besonderer Bedeutung bei vegetarischer Ernährung.

Hülsenfrüchte sind in der Küche vielfach einsetzbar. Sie eignen sich für Eintöpfe, Aufläufe, als Salatzutat oder als Hauptzutat bei Bratlingen. In Form von Mehl lassen sich Linsen oder Kichererbsen in Teige für Pfannkuchen, Pizza, Pasta und Puffer einarbeiten.

Für Kinder, die zu Blähungen neigen, sollten Eintöpfe und andere Gerichte mit einer kleineren Menge Hülsenfrüchte und mehr Gemüse und Kartoffeln zubereitet werden. Linsen und besonders rote Linsen werden häufig besser vertragen als andere Hülsenfrüchte und sind beispielsweise als Linsensuppe ein beliebtes Kindergericht (Rezept → Seite 126).

Fleisch

Verwenden Sie am besten fettarmes Muskelfleisch vom Rind, Schwein oder Geflügel. Fettarme Wurstwaren wie Geflügelwurst oder Schinken können alternativ zu Käse oder pflanzlichen Aufstrichen als Brotbelag eingeplant werden.

→ **TIPP**

Wenn Kinder fettreiche Streichwurst lieben, lassen Sie das Streichfett (Butter, Margarine) weg.

Kaufen Sie möglichst Fleisch und Wurst aus verbesserter Tierhaltung, das Sie beispielsweise am Haltungsformkennzeichen oder am EU-Bio-Logo erkennen können. Ein neues, schwarz-weißes staatliches Tierhaltungskennzeichen können Sie voraussichtlich ab 2025 in den Supermärkten finden. Bei beiden Tierhaltungskennzeichen empfehlen wir, mindestens die Stufe 3 zu wählen. Stufe 4 entspricht dann auch dem EU-Bio-Logo und ist immer eine gute Wahl. Damit leisten Sie einen Beitrag zum Tier- und Umweltschutz. Weitere Informationen zum Tierwohlniveau einzelner Siegel und Einkaufstipps finden Sie unter:
www.verbraucherzentrale.nrw/tierwohl

Seltener Fleisch zu essen, dafür aber besser erzeugtes, passt zu unserer Empfehlung von zwei bis drei Fleischmahlzeiten pro Woche. Dabei ist Fleisch eher als Beilage zu Gemüse, Kartoffeln und Hülsenfrüchten gedacht, nicht umgekehrt. Öfter mal ganz auf vegetarische Alternativen umzusteigen – und damit sind weniger panierte Fleischersatzprodukte gemeint als zum Beispiel selbst gemachte Burgerpatties aus Bohnen oder Linsen –, ist gut für das Klima und die Gesundheit. Viele unserer Rezepte ab → Seite 92 kommen ohne oder mit wenig Fleisch aus, lassen Sie sich inspirieren!

Fisch

Fisch, besonders Seefisch, ist reich an Eiweiß und kein anderes Lebensmittel liefert solche Mengen an Jod. Je nach Fettgehalt kommen noch fettlösliche Vitamine (A und D) und die wertvollen Omega-3-Fettsäuren hinzu. Zudem ist Fisch leichter verdaulich als Fleisch. Deshalb sollte einmal pro Woche Seefisch auf dem Speiseplan stehen. Fettarm ist zum Beispiel Seelachs. Fettreich sind Makrele, Lachs und Hering – sie enthalten reichlich Omega-3-Fettsäuren, die das Herz-Kreislauf-System schützen.

Es gibt auch pflanzliche Omega-3-Quellen (zum Beispiel Raps-, Walnuss-, Soja- und Leinöl sowie Leinsamen und Walnüsse), die allerdings kein vollwertiger Ersatz für die in Fisch enthaltenen Fettsäuren sind. Wer in der Ernährung seiner Kinder auf Fisch verzichtet, sollte dringend auf eine ausreichende Versorgung mit Jod (→ Seite 20) und Omega-3-Fettsäuren achten.

→ TIPP

Die wichtigsten Informationen zum Thema Nachhaltigkeit beim Fischeinkauf finden Sie unter: verbraucherzentrale.de/fischratgeber

„Mein Kind liebt Fischstäbchen – sind die nicht ungesund?"

Entgegen der vielfach existierenden Meinung stecken in Fischstäbchen weder Fischabfälle noch minderwertiger Fisch. Sie werden meist aus Alaska-Seelachs oder Seelachs hergestellt. Die Panade macht allerdings im Schnitt ein gutes Drittel des Fischstäbchens aus. Diese saugt sich beim Braten mit Fett voll. Fünf Fischstäbchen aus der Pfanne bringen im Schnitt 17 Gramm Fett auf den Teller – fast 80 Prozent der Fettmenge, die Kinder bei einer Hauptmahlzeit höchstens essen sollten. Backen Sie Fischstäbchen stattdessen im Ofen. Wenn Sie insgesamt nur wenig Speisen paniert zubereiten und die Fischstäbchen nur ab und zu, zum Beispiel mit frischem Kartoffelpüree anbieten, ist das in Ordnung.

 GUT ZU WISSEN

Pflanzliche Alternativen zu Fleisch

Hülsenfrüchte spielen eine große Rolle beim Ersatz von Fleisch durch pflanzliche Alternativen. Insbesondere in den letzten Jahren füllen sich die Supermarktregale aber auch zunehmend mit fleisch-, wurst- und fischähnlichen Alternativprodukten. Die Frage, ob diese aus gesundheitlicher Sicht nun besser oder schlechter zu bewerten sind, ist pauschal nicht zu beantworten. Sie können, ähnlich wie Fleisch- und Wurstwaren, stark verarbeitet sein und eine Reihe von Zusatzstoffen enthalten, was aus unserer Sicht für Kinder nicht empfehlenswert ist. Dennoch schneiden die Alternativprodukte zum Beispiel in puncto Fettgehalt und gesättigte Fettsäuren häufig besser ab als die tierischen Originale, verursachen kein Tierleid und sind weniger klimaschädlich. Wenn Sie also ab und zu Tofu oder Tempeh oder zum Beispiel daraus hergestellte Würstchen zu Hause anbieten, kann das eine gute Alternative zu reinen Hülsenfrüchten oder Fleisch sein.

Eier

Eier sind vor allem aufgrund des Eigelbs ein Nährstoffspeicher. Sie enthalten unter anderem Vitamin D und Eisen, haben aber auch einen recht hohen Fett- und Kaloriengehalt. Daher sind ein bis zwei Eier pro Woche ein guter Richtwert. Sie können als Rührei oder Spiegelei gereicht oder in Speisen wie Kuchen, Pfannkuchen oder Aufläufen verarbeitet werden. Bedenken Sie, dass auch viele gekaufte Lebensmittel bereits Ei enthalten und auch zur empfohlenen Menge zählen.

 ACHTUNG

Rohe Eier in Desserts oder Mayonnaise sind für Kinder nicht geeignet. Das Risiko einer Salmonelleninfektion ist zu groß. Verzichten Sie daher auf entsprechende Rezepte. Weitere Informationen zum Thema Hygiene bei der Zubereitung von Mahlzeiten finden Sie ab → Seite 87.

Speisefette und Speiseöle

Tagesmenge	**=**	**1,5–2 Portionen**
1 Portion	**=**	**1 Esslöffel**

Speisefette und -öle sind wichtig für die Versorgung mit Fettsäuren und Vitaminen. Auch als Träger von Geschmacksstoffen hat die Verwendung von Fetten ihre Berechtigung. In erster Linie sind sie aber Energielieferanten. Setzen Sie Speisefette daher grundsätzlich sparsam ein.

Als Streichfette kommen Butter oder eine Margarine mit ungehärteten Fetten infrage. Bei der Fetthärtung gehen wertvolle mehrfach ungesättigte Fettsäuren verloren. Eine Margarine mit gehärteten Fetten erkennen Sie an einem entsprechenden Hinweis in der Zutatenliste wie „ganz gehärtet" oder „teilweise gehärtet". Die meisten Margarinen bestehen aus raffinierten Pflanzenölen, die mit gehärteten oder von Natur aus festen Fetten vermischt werden, wie zum Beispiel Palmöl. Aus ökologischer und gesundheitlicher Sicht sollte am besten auf Produkte mit Palmöl verzichtet werden. Da das bei vielen Lebensmitteln aber kaum möglich ist, achten Sie zumindest darauf, dass es nachhaltig oder ökologisch erzeugt wurde (maßgeblich ist hier das RSPO-Zertifikat, idealerweise mit den Zusätzen „IP" oder „SG"). Weitere Informationen zum Thema Palmöl finden Sie unter: www.verbraucherzentrale.de/node/17343

Butter und Margarine können auch gut zum Backen und Kochen verwendet werden. Zum Kurzbraten eignen sich Pflanzenöle, darunter Raps- und Olivenöl. Rapsöl ist besonders empfehlenswert, da es ein ausgewogenes Verhältnis wichtiger Fettsäuren aufweist. Vegetarier sollten es als Standardöl einsetzen. Ergänzt werden kann mit Soja- und Walnussöl. Kalt gepresste Öle werden hauptsächlich in der kalten Küche für Salate verwendet, raffinierte Öle zum Backen und Braten.

Sahne und Mayonnaise enthalten sehr viel Fett und sollten daher nur zum Verfeinern von Speisen eingesetzt werden.

Tipps für einen bewussten und sparsamen Einsatz von Fetten:

- → Beim Garen im Backofen, Grill und Römertopf verzichten Sie ganz auf Bratfett.
- → Messen Sie beim Dünsten oder Braten das Fett immer ab, zum Beispiel in Esslöffeln.
- → Sahne, Mayonnaise, Crème fraîche und Ähnliches können gut mit Joghurt gestreckt werden.

Süßigkeiten und Snacks

Tagesmenge	**=**	**1 Portion**
1 Portion	**=**	**1 Handvoll**

Naschen ist erlaubt: in kleinen Mengen und nicht ständig über den Tag verteilt. Einmal am Tag ein Extra wie Kuchen, Süßigkeiten, fettreiches Kleingebäck wie Croissants und salzige Knabbereien wie Chips und Pommes frites oder auch Süßgetränke wie Limonade ist in Ordnung. Da Süßes eine wichtige Rolle für Kinder spielt, haben wir diesem Thema ein ganzes Kapitel eingeräumt. Mehr dazu finden Sie ab → Seite 73.

Kinderlebensmittel

Kinder erkennen sie meist nach den ersten Tönen: die Lieder und Melodien, mit denen Hersteller für Kinderlebensmittel werben. Diese füllen teilweise ganze Regale in Supermärkten und Drogerien und umfassen weit mehr als klassische Süßigkeiten. Gerade unter den Milchprodukten und Cerealien finden sich Produkte, deren Marketing speziell auf Jungen oder Mädchen abzielt. Dazu kommen Wurst, Käse, Fruchtriegel, Tütensuppe oder Tomatensoße speziell für Kinder. Den Eltern verspricht die Werbung einen besonderen Nutzen, zum Beispiel durch den Milchanteil oder scheinbar wertvolle enthaltene Nährstoffe.

Kinderlebensmittel sind aber nicht zwangsläufig besonders gut für Kinder geeignet, zum Beispiel weil sie weniger Zucker, keine Aromen oder besonders gute Zutaten enthalten würden. Im Gegenteil! Überwiegend sind es ganz normale Süßigkeiten oder Lebensmittel, die durch Form, Farbe oder Werbung insbesondere Kinder ansprechen und deren Kauflust wecken sollen. Teilweise sind sie durch hohe Zuckermengen (Tabelle → Seite 78) sogar süßer als vergleichbare Produkte für Erwachsene und bieten auch sonst keine Vorteile gegenüber anderen Lebensmitteln. Zudem greift man oft tiefer in die Geldbörse und bekommt dafür kleinere Mengen als in vergleichbaren Packungen.

Alternativen für Kinderlebensmittel

Für viele Kinderlebensmittel lassen sich Alternativen und Rezepte finden, die günstige Zutaten wie zum Beispiel frische Früchte oder Vollkorngetreide enthalten, weniger Zuckerzusatz ermöglichen, auf Zusatzstoffe verzichten oder einfach preiswerter sind. Lassen Sie sich dazu von unseren familientauglichen Rezepten inspirieren, die den großen Vorteil bieten, dass Sie den Zuckergehalt und sämtliche Zutaten selbst bestimmen. Vom selbst gemachten Knuspermüsli (→ Seite 109) über leckeren Apfel-Quark-Auflauf (→ Seite 173), Vollkornwaffelherzen (→ Seite 178) und Muffins (→ Seite 179) bis zu pikanten Brotaufstrichen (→ Seite 103 ff.) haben wir jede Menge Leckereien für Sie zusammengestellt, die Kindergaumen ebenso erfreuen wie vergleichbare industrielle Produkte.

Wenn es doch gelegentlich ein Fleischaufschnitt sein soll, empfehlen wir statt spezieller Kinderwurst eher einen Bra-

EXKURS

Werbung mit Gesundheit: nur was belegt ist, ist erlaubt

Was die Werbeaussagen betrifft, wurden in der EU klare Regelungen getroffen. Heute darf nur noch mit Aussagen geworben werden, die durch wissenschaftliche Studien belegt und erlaubt sind. Der Hersteller eines Kinderquarks oder einer Kinderwurst, denen Calcium und Vitamin D zugesetzt wurden, darf laut Verordnung zum Beispiel werben mit: „Calcium und Vitamin D werden für ein gesundes Wachstum und eine gesunde Entwicklung der Knochen benötigt.“ Er darf aber nicht sagen: „Calcium ist gut für die Nervenzellen.“ Hat ein Produkt keinen Bezug zur Entwicklung und Gesundheit von Kindern, kann natürlich weiterhin mit Zutaten wie Vollkorn, Getreide, Fruchtzucker, Früchten etc. geworben werden. Mehr zu den Gesundheitsversprechen und den gesetzlichen Regelungen dazu finden sich auf der Seite der Verbraucherzentrale: **www.verbraucherzentrale.de/node/54672** Die Einhaltung dieser Vorgaben der EU bezüglich der Werbeaussagen im Blick zu halten, ist u. a. Aufgabe der Verbraucherzentralen. Im Portal Lebensmittelklarheit finden Sie Informationen rund um die Kennzeichnung und können Produkte melden, bei denen Sie sich getäuscht fühlen: **www.lebensmittelklarheit.de**

tenaufschnitt, da er weniger Fett enthält. Herkömmlicher Kakao lässt sich durch selbst gekochten Kakao mit reinem Kakaopulver und wenig Zucker ersetzen, Trinkjoghurts durch selbst hergestellte Shakes aus Naturjoghurt und frischen Früchten. Bei den speziell für Kinder angebotenen Schokoladen fällt es dagegen schwer, Alternativen anzubieten. Wichtig ist, sie als Süßigkeiten mit hohen Zucker- und Fettgehalten anzusehen und weniger als wertvolle Quelle für Calcium durch enthaltenes Milchpulver.

Nach der Ernährungspyramide (→ Seite 24) ist eine Portion Süßes oder ein Snack erlaubt und sollte dann ein Genuss sein.

→ TIPP

Besonders Kinder unter zehn Jahren können noch nicht klar erkennen, welche Absichten hinter Werbebotschaften stecken. Achten Sie darauf, dass Ihr Kind ausgewählte Sendungen im Fernsehen ohne Werbepausen anschaut, und überlegen Sie, ab wann ein Smartphone sinnvoll ist. Influencerinnen und Influencer auf YouTube, Instagram und Co. werben auch für Produkte und sind damit Teil der Werbestrategie der Firmen.

Mit Aromen angereichert

Ob Süßigkeit, Milchprodukt, Getränk oder Fertiggericht – eine Vielzahl von Lebensmitteln wird mit Aromen aufgepeppt. Anhand der Zutatenliste können Sie erkennen, um welche Art von Aromen es sich handelt.

Beispiel Erdbeerjoghurt – Bezeichnungen in der Zutatenliste

- → „Natürliches Erdbeeraroma“: Aroma stammt zu 95 Prozent aus der genannten Frucht, hier Erdbeere.
- → „Natürliche Aromen“: Aromen, die aus unterschiedlichen Ausgangsstoffen hergestellt wurden, zum Beispiel aus Pflanzen oder Mikroorganismen; manchmal wird die Geschmacksrich-

tung, hier „Erdbeere“, in Klammern dahinter genannt.

→ „Aroma“: Synthetisch hergestelltes Aroma; auf dem Erdbeerjoghurt könnte aber auch „Erdbeeraroma“ stehen. Im Vergleich zu oben fehlt dann nur das Wort „natürlich“, aber der Unterschied ist groß.

Zwar sind alle zulässigen Aromen gesundheitlich unbedenklich, trotzdem haben sie unserer Meinung nach in Lebensmitteln für Kinder nichts zu suchen. Kinder lernen so nicht den natürlichen Geschmack von Lebensmitteln kennen und gewöhnen sich an die eingesetzten Aromen. Der Vorliebe für solche Geschmacksrichtungen, zum Beispiel Vanille – die sich besonders häufig in Zubereitungen für Säuglinge und Kleinkinder und anderen Milchprodukten findet –, lässt sich dann kaum mit echter Vanille entsprechen. Wird Vanille aus gemahlenen Vanilleschoten genutzt (Vanillepulver), wird das nicht als Aroma gekennzeichnet, sondern ist eine Zutat, also die echte Vanille.

Die Prägung des Geschmacks der Kleinen geht durch den Einsatz der Aromen in Richtung der industriell erzeugten Lebensmittel.

Lebensmittelhersteller verzichten häufiger auf Zusatzstoffe wie Geschmacksverstärker oder künstliche Aromen – so steht es auf den Verpackungen. Damit wollen sie ihren Produkten ein natürliches Image geben. Häufig werden jedoch Stoffe eingesetzt, die eine ähnliche Wirkung haben, jedoch nicht als Zusatzstoffe gekennzeichnet werden müssen. Wird beispielsweise auf den Geschmacksverstärker Glutamat verzichtet, können stattdessen Hefeextrakte als geschmacksverstärkende Zutaten zugesetzt sein. Diese enthalten auch Glutamat, was jedoch nicht angegeben werden muss. Der scheinbare Verzicht auf Zusatzstoffe ist eher eine Produktwerbung als -verbesserung und hält oft nicht, was er verspricht.

Fazit

Kinderlebensmittel bieten keine Vorteile und sind überflüssig. Nicht die Art der Lebensmittel macht den Unterschied in der Ernährung zwischen Kindern und Erwachsenen, sondern allein die Menge. Eine vielseitige, ausgewogene Kost mit normalen, natürlichen Lebensmitteln versorgt uns mit allen notwendigen Nährstoffen.

Häufig können Sie für Ihre Kinder zu Hause selbst schnell einen ansprechenden Snack zubereiten und damit für Spaß am Essen und Trinken sorgen. Unsere Rezepte (→ Seite 92 f.) geben Anregungen dafür.

Die Verteilung der Mahlzeiten über den Tag

Genauso wichtig wie das Was und Wieviel ist beim Essen das Wann, sprich: die Verteilung der Mahlzeiten über den Tag. Der kindliche Stoffwechsel ist in der Regel vormittags am aktivsten und benötigt entsprechende Unterstützung durch die Nahrung. Die Faustregel für die Verteilung lautet: ein Drittel am Morgen und am Vormittag, ein Drittel mittags, der Rest am Nachmittag und Abend. Dies entspricht fünf Mahlzeiten.

Mehrere kleine Mahlzeiten über den Tag verteilt belasten die Verdauung weniger, der Körper wird gleichmäßig mit Nährstoffen versorgt, verbrauchte Energie wird zügig ersetzt, die Konzentrations- und Leistungsfähigkeit ist beständiger. Planen Sie also unbedingt Zwischenmahlzeiten ein.

Um nicht beim Bäcker teure und meist sehr süße Leckereien erwerben zu müssen, empfiehlt es sich auch für den Hunger unterwegs gewappnet zu sein. In unserem Rezeptteil finden Sie deshalb auch Snacks für unterwegs (→ Seite 172).

Essen und Trinken mit Genuss

Essen und Trinken heißt weitaus mehr, als Körper und Geist „Treibstoff" zu liefern. Es dient auch dem seelischen Wohlbefinden, wenn es schmeckt und mit Genuss gegessen und getrunken wird.

Das gemeinsame Essen der Familie in einer entspannten Atmosphäre ist für die Entwicklung des Kindes und für seine Gesundheit sehr wichtig und sollte nicht unterschätzt werden. Planen Sie mindestens eine Familienmahlzeit am Tag ein.

Kinder essen, was appetitlich und lecker aussieht. Eine farbenfrohe Zusammenstellung der Mahlzeiten mit verschiedenen Obst- und Gemüsearten ist wichtig. Auch mögen Kinder kleine, lustige Dinge, beispielsweise Minikartoffeln, lila Möhren oder Sternchennudeln. Suppen, Eintöpfe oder Soßen können mit Kräutern, Obst- und Gemüsestückchen nett dekoriert werden.

Essen und Trinken lernen

Beim Essen kann gut die Selbstständigkeit der Kinder gefördert werden. Ihr natürlicher Drang, Erwachsene nachzuahmen, ist hier ausdrücklich erwünscht. Lassen Sie Ihr Kind selbst Essen aus dem Topf nehmen, umrühren, Kartoffeln zerdrücken oder das Brot schmieren. Bereits kleine Kinder lernen (mit liebevoller und geduldiger Unterstützung der Eltern und Geschwister), sich selbst zu bedienen.

Mit der Zeit kann das Kind auch am „Drumherum" der Mahlzeiten beteiligt werden – zum Beispiel bei der Zubereitung, beim Tischdecken oder beim Einkauf. Haben Sie einen eigenen Garten oder Balkon, helfen Kinder auch gerne beim Säen, Pflanzen oder Ernten. Der Mehraufwand für Sie zahlt sich später durch eine größere Selbstständigkeit Ihres Kindes aus.

Fünf Mahlzeiten

Essen Sie so oft es geht alle zusammen. Gemeinsame Mahlzeiten bieten eine gute Gelegenheit für den Austausch in der Familie. Sie fördern die Esskultur und das soziale Miteinander.

→ TIPP

Entwickeln Sie für Ihre Situation passende Rituale für die Mahlzeiten, zum Beispiel einen Reim zu Beginn oder einander die Hände reichen und einen guten Appetit wünschen. Führen Sie Gespräche über schwierige Themen, die öfter zu Streit führen, besser erst nach dem Essen.

Das 1. Frühstück zu Hause

In vielen Familien wird morgens auf die Schnelle gefrühstückt. Manche essen gar nichts, weil noch kein Appetit da ist oder sie zu spät aufgestanden sind. Die Kinder übernehmen oft das Verhalten ihrer Eltern und verlassen das Haus ohne Frühstück und Pausenbrot. Manche greifen auf süße Frühstücksprodukte wie Cornflakes, Weizenpops und Co. zurück (→ Seite 78). Mit einem guten Angebot fürs Frühstück lässt sich das vermeiden.

Geeignete Lebensmittel für das 1. Frühstück sind:

- Brot, Brötchen und Knäckebrot aus Vollkorn
- Butter, Margarine oder Nussmus
- Belag wie Käse, Aufschnitt oder auch Konfitüre
- Müsli (Rezept → Seite 108 f.) oder Milchshake mit Haferflocken und Früchten
- Joghurt, Quark, Milch oder Kakao
- saisonales Obst, zum Beispiel Apfel, Banane, Birne oder Mandarine
- vegetarischer Aufstrich, Gemüserohkost
- Getränke wie Früchte- und Kräutertee, verdünnte Obst- und Gemüsesäfte, Trink- oder Mineralwasser

Wenn Sie sich aus den oben genannten Zutaten das Richtige für sich und Ihre Kinder ausgesucht haben, brauchen Sie nur noch rechtzeitig aufzustehen, damit Sie das Frühstück in Ruhe genießen können.

→ TIPP

Alleine macht frühstücken keinen Spaß. Leisten Sie Ihrem Kind dabei immer Gesellschaft. Am Wochenende bietet sich ein ausgiebiges Frühstück an, für das Sie sich als Familie viel Zeit lassen.

„Ist Frühstücken tatsächlich so wichtig?“

Ja. Kinder, die frühstücken, sind in den Morgenstunden leistungsfähiger, reaktionsschneller und ermüden nicht so schnell. Durch die Nachtpause sind die Kohlenhydratspeicher der Leber ganz oder größtenteils erschöpft. Die Gehirnzellen sind jedoch auf eine konstante Blutzuckerkonzentration angewiesen. Das erste Frühstück zu Hause und das zweite im Kindergarten oder in der Schule füllen diese „Löcher“ wieder auf. Wenn Ihr Kind gleich nach dem Aufstehen kein üppiges Frühstück mag, sollte das Pausenbrot für Ausgleich sorgen und etwas gehaltvoller ausfallen. Achten Sie darauf, dass Ihr Kind nicht ganz ohne Frühstück aus dem Haus geht. Eine Kleinigkeit geht vielleicht doch, zum Beispiel ein kleines Brot mit Quark oder Käse, ein Stück Obst, eine Tasse Milch oder auch mal ein Kakao.

„Was ist drin in Nuss-Nougat-Creme?“

Nuss-Nougat-Creme enthält viel Zucker und Fett und nur wenig Eiweiß und Vitamine. Deshalb ist sie kein wertvolles Lebensmittel und sollte nur ab und zu aufs Butterbrot kommen. Eine Alternative sind zum Beispiel reine Nuss- oder Steinfruchtmuse, beispielsweise aus Mandeln. Das Rezept für eine selbst hergestellte Nuss-Nougat-Creme finden Sie auf → Seite 107.

Das 2. Frühstück

Die Zeit bis zum Mittagessen – egal ob in der Kindertagesbetreuung oder in der Schule – ist lang und für ein Kind ohne Zwischenmahlzeit oft schwer zu schaffen. Um konzentriert und körperlich aktiv sein zu können, brauchen Kinder Kohlenhydrate.

Je kleiner das erste Frühstück war, desto größer sollte das Pausenfrühstück ausfallen. Einige Kitas halten diese Mahlzeit für alle Kinder bereit – falls Sie sie von zu Hause mitgeben, achten Sie darauf, dass sie appetitlich zubereitet und so verpackt ist, dass beim Öffnen der Brotbox alles noch ansprechend aussieht. Verwenden Sie zum Beispiel eine Brotdose mit einer Einteilung in Fächer, damit Gemüse oder Obst nicht zwischen dem Frischkäsebrot kleben und der Inhalt dann in den Mülleimer wandert. Apfelspalten oder Möhrenstücke bleiben beispielsweise mit ein paar Spritzern Zitronensaft frisch und ansehnlich.

Für das zweite Frühstück sind alle Lebensmittel, die wir für das erste Frühstück genannt haben, geeignet. Manchmal gibt es aus praktischen Gründen Einschränkungen für Müsli, Joghurt, Quark oder Milchmixgetränke, wobei es auch hier entsprechende Behälter gibt, die den Transport ermöglichen. Manche Schulen bieten auch Schulmilch an.

→ TIPP

Schauen Sie sich bei der Auswahl der Kita oder Schule auch die Verpflegung an. Checklisten dazu finden Sie auf → Seite 59 f.

Kindergartenkinder haben in der Regel noch nicht die Möglichkeit, sich selbst etwas zu kaufen. Hier haben Sie als Eltern noch den größten Einfluss auf die Auswahl des Pausenfrühstücks. Bei Schulkindern sieht es dann schon anders aus. Nur im Notfall sollten Sie Ihrem Kind Geld mitgeben, damit es sich selbst etwas kaufen kann. Besprechen Sie vorab, was ein sinnvoller Snack vom Bäcker oder Kiosk sein kann.

Das Mittagessen

Kinder, die im Kindergarten oder in der Schule nicht zu Mittag essen, kommen oft mit einem Bärenhunger nach Hause. Ein warmes und abwechslungsreiches Mittagessen, das nach einer kleinen Entspannungspause mit der Familie eingenommen wird, wäre dann optimal. Oft passt es aber auch nicht in den Rhythmus der Familie und die große warme Mahlzeit wird auf den Abend verlegt (was kein Problem ist). Wenn man häufiger kleine Portionen von Mahlzeiten einfriert, lassen sich diese für solche Gelegenheiten aufwärmen. Alternativ kann auch eine kleine Mahlzeit wie Milchreis, eine Quarkspeise mit Obst oder Getreidebratlinge mit etwas Rohkost und Dip als Ersatz für das Mittagessen dienen, zum Beispiel in der warmen Jahreszeit.

Wer am Mittag eher eine kalte Mahlzeit zubereitet, findet dazu im Abschnitt „Das Abendessen" (→ Seite 57) Anregungen.

Ein vollwertiges Mittagessen kann Folgendes beinhalten:

→ Kartoffeln, Nudeln, Getreide (täglich)
→ Gemüse oder Salat (täglich)
→ Hülsenfrüchte, Fleisch (3 x/Woche) oder Fisch (1 x/Woche) oder Eier (1–2 Stück/Woche)
→ Getränke wie Trink- oder Mineralwasser und verdünnte Fruchtsäfte (1 Teil Saft und 3 Teile Wasser)

Fleisch steht damit nicht täglich auf dem Speiseplan, besonders wenn in der Kita oder Schule schon welches angeboten wird. Das sollten Sie auf jeden Fall mit berücksichtigen. Vegetarische Hauptgerichte werden auf der Basis von Getreide, zum Beispiel Reis, Nudeln oder Couscous, oder mit Hülsenfrüchten und Kartoffeln zubereitet. Im Rezeptteil (→ Seite 92) finden Sie viele Vorschläge. Hin und wieder darf es auch einmal ein süßes Hauptgericht sein, zu dem Sie als Vorspeise Gemüserohkost reichen.

Kinder freuen sich immer über einen Nachtisch. Gibt es ein- bis zweimal pro Woche ein Dessert, steigt die Vorfreude auf das Mittagessen. Grundsätzlich sollen sich Kinder aber am herzhaften Mittagessen satt essen.

 WICHTIG

Bieten Sie Ihrem Kind zu jedem Essen auch ein Getränk an.

Wochenspeiseplan für die warme Mahlzeit

WOCHENTAG	MENÜ	SEITE
Montag	Orientalische Linsenpuffer mit Möhren-Hummus Rote-Bete-Salat	142 105 113
Dienstag	Pilzpfanne mit Hähnchenstreifen Naturreis Eisbergsalat mit Orangen	149 111
Mittwoch	Vegane Bolognese mit roten Linsen Vollkornnudeln Saisonale Rohkostplatte	161 115
Donnerstag	Weißer Bohneneintopf aus dem Ofen Blitzbrot mit Kernen und Saaten	131 101
Freitag	Lachsfilet im Gemüsebett mit Kartoffelstampf	159
Samstag	Süßkartoffel-Zucchini-Tortilla Möhren-Apfel-Rohkost	153 112
Sonntag	Saftiges Gulasch mit Gemüse und Salzkartoffeln	167

„Sind Fertiggerichte für Kinder geeignet?“

Komplette Fertiggerichte wie Minipizza, Piratensuppe, Grießbrei und Klöße aus der Tüte sollten in einer ausgewogenen Kinderernährung allenfalls ein Notbehelf sein. Ebenso wie Produkte, die versprechen, das Kochen zu erleichtern: fertige Soßen, Würzmischungen und Salatdressings zum Anrühren. Kritisch ist der häufig hohe Salzgehalt bei herzhaften Fertiggerichten und Fixprodukten. So enthält eine viertel Pizza Salami bereits mehr als die Hälfte des Tagesbedarfs von zwei- bis dreijährigen Kindern.

Sollten Sie ab und zu Fertiggerichte verwenden, achten Sie auf die Zutatenliste: Werden Lebensmittel weiter verarbeitet, sind meist Zusatzstoffe wie Konservierungsstoffe, Antioxidations- und Verdickungsmittel oder Farbstoffe und Geschmacksverstärker enthalten. Je weniger Zusatzstoffe, desto besser.

„Welche Gewürze kann man auch schon für Kleinkinder verwenden?“

Ab dem zweiten Lebensjahr können alle Gewürze wie Salz, Pfeffer, Paprikapulver, Muskatnuss ohne Einschränkung schrittweise eingeführt werden. Auch Kräuter aller Art sind zum Würzen geeignet. Besonders scharfe Gewürze sollten Sie vorsichtig verwenden, da Kinder ein intensiveres Geschmacksempfinden haben als Erwachsene. In unserem Kulturkreis sind wir in dieser Hinsicht etwas zurückhaltender als in anderen Ländern. Doch: Geschmack wird erlernt. Probieren Sie also aus, was Ihrem Kind schmeckt, und passen Sie die Gewürze entsprechend an.

„Ist Kochen mit Alkohol für Kinder schädlich?“

Ja! Gegen Alkohol im Essen sprechen zwei wichtige Gründe: Kinder reagieren wegen ihres geringeren Körpergewichts wesentlich stärker als Erwachsene auf Alkohol und ihre Leber muss sehr viel mehr „Verdauungsarbeit“ leisten. Außerdem können sich Kinder, auch wenn sich der Alkohol zum Teil beim Kochen, Braten oder Backen verflüchtigt, an den Geschmack gewöhnen und später unter Umständen eine ungünstige Vorliebe für Alkohol entwickeln.

Die Zwischenmahlzeit am Nachmittag

Die Zwischenmahlzeit am Nachmittag hat die gleiche Bedeutung wie das zweite Frühstück oder das Pausenbrot. Hiermit kann man einen Konzentrations- und Leistungsabfall bei den Hausaufgaben und Freizeitaktivitäten am Nachmittag vermeiden. Ein kleiner Snack, zum Beispiel ein Knäckebrot mit Butter, Gurke und etwas Kräutersalz oder auch mit Quark oder Frischkäse, kann mit der süßen Portion des Tages abgerundet werden. Süßes allein als Zwischenmahlzeit am Nachmittag reicht nicht aus, um den kleinen Hunger zu stillen.

Die Zwischenmahlzeit am Nachmittag kann zum Beispiel folgendermaßen aussehen:

- bunter Obstteller, Rohkostteller oder Smoothie
- Nüsse und Trockenfrüchte, zum Beispiel Studentenfutter
- Vollkornkuchen oder -gebäck
- Vollkornknäckebrot oder -zwieback mit Kräuterquark, Käse oder einem süßen Brotaufstrich
- Getränke wie Trink- oder Mineralwasser, Kräuter- oder Früchtetee, verdünnte Fruchtsäfte und Gemüsesaft

Das Abendessen

Ob kalt oder warm – das Abendessen sollte nicht zu spät eingenommen werden und leicht verdaulich sein, damit die Kinder nicht mit vollem Magen ins Bett gehen. Orientieren Sie sich für ein warmes Abendessen an unseren Tipps zum Mittagessen (→ Seite 53 f.).

Anregungen für ein kaltes Abendessen finden Sie hier:

- Vollkornbrot mit Frischkäse oder Kräuterquark, dazu zum Beispiel Tomaten, Gurken, Kohlrabisticks
- Vollkornbrot mit vegetarischem Aufstrich, dazu ein bunter Bohnensalat
- Bratlinge als Rest vom Mittag mit Kräuterdip, dazu Rote-Bete-Salat
- Wraps mit unterschiedlichem Belag (Rezept → Seite 141),
- Kartoffelsalat mit Würstchen und Brot
- Getränke wie Trink- oder Mineralwasser, Kräuter- oder Früchtetee und verdünnte Fruchtsäfte

Die Mahlzeiten auf einen Blick

Tagespläne für 3 Tage

MAHLZEIT	1. TAG	2. TAG	3. TAG
1. Frühstück	Müsli* mit Joghurt, frischem Obst und Nüssen Kräutertee	Blitzbrot* mit Quark und Konfitüre Früchtetee	Knuspermüsli* mit Joghurt und Obst Früchtetee
2. Frühstück	Blitzbrot* mit Butter und Käse Kohlrabischeiben (Schul-)Milch Trink- oder Mineralwasser	Weizenbrötchen* mit Butter und Schinken Tomaten- und Gurkenscheiben Apfelschorle	Früchtebrot* mit Frischkäse 1 Mandarine (Schul-)Milch Trink- oder Mineralwasser
Mittagessen	Paprikafrikadellen * mit Salzkartoffeln Trink- oder Mineralwasser	Möhren-Apfel-Rohkost* Pastinaken-Kartoffelsuppe Trink- oder Mineralwasser	Gefüllte Zucchini mit Bulgur* Saisonale Rohkostplatte* Trink- oder Mineralwasser
Zwischenmahlzeit	Knäckebrot mit Konfitüre Orangensaftschorle	Vollkornwaffel* 1 Glas Milch	Rosinenbrötchen* mit Butter Apfelsaftschorle
Abendessen	Blitzbrot* mit Kräuterquark Rohkost aus Möhre, Gurke, Paprika Früchtetee	Möhren-Kräuter-Tarte* Kopfsalat mit fruchtiger Vinaigrette* Früchtetee	Wraps* Eisbergsalat mit Orangen* Kräutertee

* Die Rezepte finden Sie ab → Seite 92.

In Kindertagesbetreuung und Schule essen

Immer mehr Kinder verbringen viele Stunden des Tages in der Kindertagespflege, in Kindertageseinrichtungen und Ganztagsschulen. Gemeinsam essen sie dort das Pausenfrühstück, das Mittagessen und auch den Snack am Nachmittag. Wenn Sie eine oder mehrere dieser Mahlzeiten von zu Hause mitgeben müssen und sich fragen, wie Sie für Abwechslung sorgen können, finden Sie sicher bei unseren Tipps im vorherigen Abschnitt zu den einzelnen Mahlzeiten sowie im Rezeptteil ab → Seite 92 noch ein paar leckere Inspirationen.

Neben dem Essen an sich erleben die Kinder Esskultur, Tischsitten und lernen Rücksichtnahme. Sie haben die Chance, ihnen unbekannte neue Lebensmittel kennenzulernen und schulen ihren Geschmack. Wenn die Kinder dort leckere und gesunde Mahlzeiten erhalten und in angenehmer Atmosphäre essen können, leisten die Einrichtungen einen wichtigen Beitrag zur Entwicklung eines gesundheitsfördernden Essverhaltens.

Die nachfolgenden Checklisten zur Verpflegung in Ihrer Kita oder Schule helfen Ihnen, die Qualität und die Bedeutung des Essens in der Einrichtung einzuschätzen.

CHECKLISTE

Wie klappt's in der Kita mit dem Essen?

- ☐ Schmeckt Ihrem Kind das Essen?
- ☐ Werden Vollkornprodukte angeboten?
- ☐ Stehen Gemüse oder Rohkost täglich auf dem Speiseplan?
- ☐ Essen die Kinder in einem freundlich gestalteten Speiseraum?
- ☐ Begleiten die Erzieherinnen und Erzieher die Mahlzeiten, essen sie selbst mit?
- ☐ Gibt es Frittiertes oder Paniertes max. 1 x wöchentlich?
- ☐ Gibt es Fleischgerichte max. 2 x wöchentlich?
- ☐ Hängt der Speiseplan für Eltern sichtbar aus?
- ☐ Gibt es in der Kita eine geschulte Erzieherin, die sich um die Verpflegung kümmert?
- ☐ Werden Sie als Eltern zum Ernährungskonzept und zum Umgang mit Süßigkeiten informiert?

CHECKLISTE

Wie klappt's in der Schule mit dem Essen?

- ☐ Geht Ihr Kind regelmäßig in die Mensa?
- ☐ Schmeckt Ihrem Kind das Essen?
- ☐ Berücksichtigt das Mahlzeitenangebot die Wünsche der Kinder?
- ☐ Essen die Schülerinnen und Schüler in einem separaten, freundlich gestalteten Speiseraum?
- ☐ Ist das Bestell- und Abrechnungssystem schülergerecht?
- ☐ Sind die Wartezeiten bei der Essensausgabe kurz?
- ☐ Hängt der Speiseplan aus bzw. ist er im Internet einsehbar?
- ☐ Sind Eltern und Schülerinnen und Schüler an der Ausgestaltung des Speisenangebots beteiligt?
- ☐ Gibt es in der Schule eine Ansprechperson für die Verpflegung?
- ☐ Ist Essen und Trinken Thema im Unterricht und in Projekten?

Wenn Sie die Fragen häufiger mit „Nein" beantwortet haben, gibt es in der Kita oder Schule Ihres Kindes Spielraum für Verbesserungen. Sie haben dann beispielsweise folgende Möglichkeiten:

Werden Sie selbst aktiv.

- → Sprechen Sie mit Kita-Mitarbeitenden über das Essen.
- → Bringen Sie das Thema Ernährung in Elternversammlungen ein.
- → Nutzen Sie die Elternvertretungen (Elternrat und Schulpflegschaft) für Ihr Anliegen.
- → Tragen Sie Ihre Wünsche den Trägern von Kita und Schule vor.
- → Machen Sie sich für die Erarbeitung eines Ernährungskonzeptes stark.
- → Organisieren Sie mit anderen Ernährungsaktionen, zum Beispiel ein Frühstücksbüfett, Kochen mit den Eltern, Informationsveranstaltungen mit Ernährungsfachkräften.

Solange die Verpflegung nicht optimal ist, können Sie zu Hause und bei mitgegebenen Speisen für Ausgleich sorgen.

- → Achten Sie darauf, ausreichend Obst und Gemüserohkost sowie Milchprodukte in den Speiseplan einzubauen. Kinder mögen die bunte Vielfalt von Früchten und Gemüse in der Regel – finden Sie heraus, womit Sie Gerichte aufpeppen können, um bei Ihrem Kind zu punkten: Beeren auf Naturjoghurt? Gurkenscheiben auf Käsebrot? Kräuterquark mit Möhrensticks ...?
- → Bieten Sie Brot, Nudeln und Reis in der Vollkornvariante an. Auch „Zebra-Nudeln", also eine Mischung aus hellen und Vollkornnudeln, sind eine gute Möglichkeit.
- → Reduzieren Sie Fleisch und Wurst bei den Mahlzeiten.
- → Verwenden Sie Fett für die Zubereitung sparsam.
- → Behalten Sie den Zuckerkonsum im Auge und passen Sie Ihr Angebot zu Hause entsprechend an.

Mit Kindern unterwegs

Kinder haben im Verhältnis zu Erwachsenen einen höheren Energiebedarf. Das heißt, pro Kilogramm Körpergewicht brauchen sie mehr Kalorien. Trotzdem kommen sie meist problemlos zwei Stunden ohne Essen aus. Beispielsweise reichen nach einem Frühstück zu Hause als Zwischenmahlzeit etwas Rohkost/Obst und ein kleines Brot, um die Zeit bis zum Mittagessen zu überbrücken. Die ständige Verfügbarkeit von Snacks und Getränken in Form von eigens dafür kreierten Kinderlebensmitteln (→ Seite 43) verlockt Sie als Eltern sehr, Ihrem quengelnden Kind nachzugeben. Allerdings fördert dies das Essen aus Langeweile. Essen wird zur Nebenbei-Beschäftigung und als Ablenkung benutzt. Trauen Sie sich ruhig auch mal, einen Spaziergang ohne Proviant anzutreten, dann ist der Hunger auf die nächste Mahlzeit umso größer.

Restaurantbesuch mit Kindern

Ein Restaurantbesuch ist ein Erlebnis für Kinder und daher sollte es eigentlich auch etwas Besonderes auf dem Teller geben. Das oft fantasielose Angebot von speziellen Kindertellern könnte unserer Meinung nach allerdings besser sein: Kaum ein Kindermenü ist als ausgewogene Mahlzeit anzusehen. Nur selten ist Frisches wie Salat oder Gemüse enthalten, dafür aber reichlich paniertes Fleisch oder Fisch und frittierte Kartoffelprodukte. Warum soll es für Kinder nicht auch eine Gemüse- oder Salatbeilage, möglichst aus der Saison, oder regionale Gerichte geben, so wie es bei Erwachsenen selbstverständlich ist? Natürlich sind manche Kinder Salat- und Gemüsemuffel, doch je häufiger man diese Lebensmittel anbietet, desto eher gewöhnt sich der Kindergaumen an den Geschmack.

Tipps für den Restaurantbesuch:

- Fragen Sie nach einer kleinen Portion aus der normalen Speisekarte, wenn die Kinderkarte hauptsächlich Paniertes und Frittiertes aufweist. Lässt sich ein Restaurant darauf ein, werden Sie auch gern wieder dort essen.
- Für kleinere Kinder wird gelegentlich ein sogenannter Räuberteller angeboten, also ein leerer Teller, damit sich Kinder nach Belieben von den Gerichten der Erwachsenen bedienen können.
- Sicherlich kann es auch mal Pommes oder paniertes Fleisch für die Kleinen geben. Fragen Sie dann aber nach einer frischen Beilage wie Salat oder Rohkost.

- Häufig stehen bei kompletten Menüs auch Softdrinks zur Auswahl. Gesüßte Getränke stillen den Hunger schon vorab, und das bestellte Essen landet dann vielleicht im Müll. Achten Sie hier auf eine kindgerechte Größe des servierten Getränks oder bitten Sie stattdessen um ein Wasser oder eine Saftschorle.
- Im Fast-Food-Restaurant entsteht viel Verpackungsmüll und auch die Qualität der Speisen lässt oft zu wünschen übrig. Planen Sie einen solchen Besuch am besten nur für den Fall ein, wenn Sie wirklich unterwegs sind und verpacktes Essen brauchen.

Ernährung und Gesundheit

Wir haben gesehen, dass sich das körperliche und geistige Wohlbefinden durch ausgewogene Ernährung unterstützen lässt. Doch was, wenn Ihr Kind einfach kein „guter Esser" ist oder in letzter Zeit deutlich zunimmt? Oder wenn es mit Bauchschmerzen auf bestimmte Lebensmittel reagiert? In diesem Kapitel geht es um das sensible Thema Gewicht sowie um die häufigsten Unverträglichkeiten bei Kindern.

Wie wird die Gewichtsentwicklung von Kindern beurteilt?

Ob sich Ihr Kind in puncto Gewicht gut entwickelt, lässt sich auf verschiedenen Wegen beurteilen. Zum einen achten Kinderärztinnen und -ärzte bei den regelmäßigen Untersuchungen darauf, ob sich Ihr Kind entlang der im Untersuchungsheft abgebildeten Kurven zu Körpergröße und Körpergewicht entwickelt. Zum anderen beobachten Sie selbst Ihr Kind täglich und können ungünstige Entwicklungen bemerken. Wichtig ist auf jeden Fall, zu den angebotenen Vorsorgeuntersuchungen zu gehen und die Ärztin oder den Arzt anzusprechen, wenn Sie sich Sorgen über die Gewichtsentwicklung Ihres Kindes machen.

Der sogenannte BMI (Body-Mass-Index) allein ist bei Kindern nicht zur Beurteilung des Gewichtes geeignet. Für Kinder zieht man die im Untersuchungsheft abgebildeten Wachstumskurven hinzu. Hier werden statistische Daten zur Verteilung der Körpermessgrößen bei Kindern in der Bevölkerung zugrunde gelegt. Dabei sollten sich die Kinder entlang dieser Linien entwickeln, wobei leichte Schwankungen über oder unter der Mittellinie kein Grund zur Panik sein sollten, solange sie nicht in den „roten Bereich" fallen. Nicht immer ist Ihr Kind direkt über-

oder untergewichtig. Sollten sich jedoch deutliche Abweichungen abzeichnen, ist es wichtig, zu handeln und einen Termin in der Kinderarztpraxis zu vereinbaren, um gesundheitsschädliche Folgen für Ihr Kind zu vermeiden.

Die Wachstumskurven finden Sie unter **verbraucherzentrale.nrw/gewicht-kinder** oder im gelben Untersuchungsheft Ihres Kindes.

„Mein Kind ist zu dünn – was soll ich tun?“

Stellen Sie mit der Wachstumsgrafik fest, ob Ihr Kind wirklich zu dünn ist. Ist dies der Fall, sollten Sie sich Gedanken über die Ursachen machen und die Kinderärztin oder den Kinderarzt beim nächsten Gespräch danach fragen. Einige Beispiele für mögliche Ursachen:

Ihr Kind hat gerade einen Wachstumsschub. Es hat nicht genug Zeit zum Essen. Es hat keinen Appetit. Es treibt zu viel Sport. Es ist oft zu müde zum Essen. Es hat womöglich Ärger, beispielsweise in der Schule oder mit Freunden. Ältere Mädchen – aber auch manche Jungen – verfolgen ein bestimmtes Schönheitsideal.

Tipps zum Umgang mit Untergewicht:

- → Sollte Ihr Kind kein „großer Esser“ sein, können Sie durch den Zusatz von Nüssen, Trockenobst, Sahne oder Butter die Speisen etwas energiehaltiger gestalten.
- → Bieten Sie am besten fünf bis sechs kleine Mahlzeiten an.
- → Reichen Sie zu den Zwischenmahlzeiten Rohkost oder Obst, ein kleines Müsli mit Nüssen oder eine Quarkspeise mit einem Löffel Porridge aus Hafer (→ Seite 50 ff.).

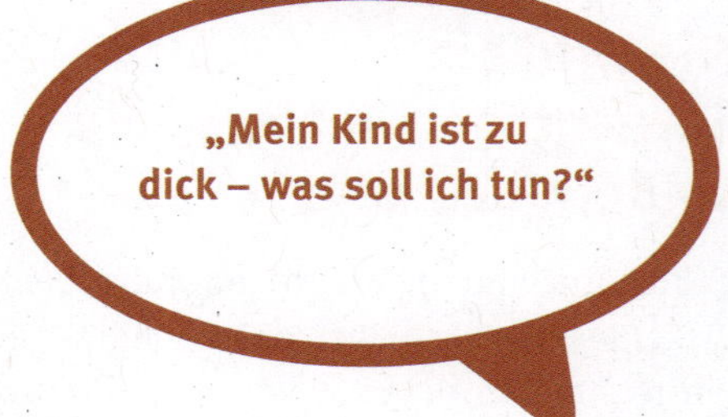

Sollte Ihr Kind von Übergewicht betroffen sein, versuchen Sie zunächst, die Ursachen dafür herauszufinden. Beobachten Sie Ihr Kind, sprechen Sie mit Ihrer Kinderärztin oder Ihrem Kinderarzt oder wenden Sie sich an eine zertifizierte Ernährungsberatung: **www.wegweiser-ernaehrungsberatung.de**

Tipps zum Umgang mit Übergewicht:

- → Berücksichtigen Sie beim Kochen die Wünsche Ihres Kindes.
- → Trösten und belohnen Sie Ihr Kind lieber mit Worten und Zuneigung als mit Süßem.
- → Schaffen Sie Gelegenheiten, bei denen Sie sich gemeinsam bewegen.
- → Überlegen Sie, ob ein zusätzliches Sportangebot, zum Beispiel in einem Verein, für Ihr Kind passen kann.
- → Beschäftigen Sie sich mit Ihrem Kind, wenn es Aufmerksamkeit braucht.
- → Wenn Ihr Kind Langeweile hat, überlegen Sie gemeinsam, was Abhilfe schafft.
- → Schauen Sie sich Ihre eigenen familiären Essgewohnheiten kritisch an.
- → Gehen Sie in der Küche mit Fett und Zucker sparsam um.
- → Achten Sie beim Einkaufen auf die Nährwerttabellen oder den Nutri-Score auf den Produktverpackungen und meiden Sie Lebensmittel mit hohem Zucker- und/oder Fettgehalt.
- → Wählen Sie fettarme Sorten bei Milch (1,5 %), Joghurt (1,5 %), Quark, Käse und Wurst.
- → Ersetzen Sie Wurst oder Käse durch einen vegetarischen Aufstrich mit Gurken- oder Tomatenscheiben.

 EXKURS

Hilfe bei ernährungsbedingten Erkrankungen und Essstörungen

Ein wachsendes, auch nach Ansicht des Bundesgesundheitsministeriums „ernst zu nehmendes Problem", das in direktem Zusammenhang mit der Ernährung steht, sind (starkes) Übergewicht und Diabetes mellitus Typ 2. Laut Studie zur Gesundheit von Kindern und Jugendlichen sind rund 15 Prozent der 3- bis 17-Jährigen in Deutschland übergewichtig, davon knapp sechs Prozent adipös, also stark übergewichtig. Adipositas ist eine eigenständige Krankheit und zugleich ein Risikofaktor für Folgeerkrankungen wie Depressionen, Herz-Kreislauf-Erkrankungen oder Gelenkschäden. Insbesondere begünstigt sie aber die Entwicklung von Diabetes Typ 2, auch schon in jungen Jahren. Fachleute gehen davon aus, dass etwa jede und jeder 100. Jugendliche mit Adipositas von Typ-2-Diabetes betroffen ist (wenn auch häufig unbemerkt).

Diabetes ist die häufigste Stoffwechselerkrankung im Kindes- und Jugendalter und kann unbehandelt schwere gesundheitliche Folgen nach sich ziehen. In den letzten Jahren erkranken immer mehr Kinder und Jugendliche sowohl an Diabetes Typ 1 (der nicht oder wenig durch äußere Faktoren beeinflussbar ist) als auch an Typ 2, der sich maßgeblich auf eine ungesunde Lebensweise – bei Kindern also vor allem auf hohen Zuckerkonsum, oft in Kombination mit Bewegungsmangel – zurückführen lässt. Zucker ist ein nicht zu unterschätzendes Risiko für die Gesundheit unserer Kinder. Ab → Seite 73 nehmen wir ihn in einem eigenen Kapitel unter die Lupe. Ausführliche Informationen zu Diabetes und Adipositas bei Kindern und Jugendlichen erhalten Sie auf den Internetseiten des Robert Koch-Instituts unter den jeweiligen Stichworten: **www.rki.de**

Eine gute Anlaufstelle für Eltern und Angehörige betroffener Kinder sind die Deutsche Diabetes-Hilfe (**www.diabetesde.org**), die Deutsche Adipositas-Gesellschaft (**adipositas-gesellschaft.de**) und deren Arbeitsgemeinschaft Adipositas im Kindes- und Jugendalter. Dort finden Sie auch eine Liste zertifizierter Behandlungseinrichtungen.

Die Pubertät bringt große körperliche Veränderungen bei Jugendlichen mit sich und kann auch in umgekehrter Hinsicht zu problematischem Essverhalten führen: Vor allem, aber nicht nur, Mädchen neigen dann manchmal dazu, ein möglichst geringes Körpergewicht erreichen zu wollen.

Kinder und Jugendliche mit Essstörungen wie Magersucht oder Bulimie brauchen auf jeden Fall ärztliche Behandlung und psychologische Betreuung. Hilfe finden Eltern und Angehörige bei der Bundeszentrale für gesundheitliche Aufklärung: **www.bzga-essstoerungen.de**

Auch das Bundesministerium für Gesundheit hält einen informativen Flyer zur ersten Orientierung und mit weiteren Anlaufstellen bereit:
Auf **bundesgesundheitsministerium.de** im Glossar unter „Essstörungen“.

Lebensmittelunverträglichkeiten

So manches Bauchweh oder die Pusteln auf der Haut werden allzu voreilig auf eine Unverträglichkeit geschoben. Bevor Sie den Speiseplan zu Hause einschränken, lassen Sie sich von Ihrer Kinderärztin oder Ihrem Kinderarzt beraten und klären Sie, worum es sich handelt und wie Sie weiter vorgehen. Die wichtigsten Unverträglichkeiten im Überblick:

Zöliakie

Bei der Zöliakie verursacht Gluten, ein Eiweißbestandteil vieler Getreidesorten, Beschwerden wie chronische Bauchschmerzen, Durchfälle und Blähungen. Gluten ist zum Beispiel in Weizen, Roggen oder Gerste enthalten. Bei ca. 1 Prozent der Bevölkerung, die von der Autoimmunerkrankung Zöliakie betroffen sind, löst Gluten entsprechende Beschwerden aus. Eine sichere Diagnose kann nur eine Ärztin oder ein Arzt nach Bluttests und einer Dünndarmuntersuchung stellen. Ernährt man sich konsequent glutenfrei, erholt sich der Darm und die Beschwerden verschwinden. Weitere Informationen dazu bietet die Deutsche Zöliakie Gesellschaft e.V.: **www.dzg-online.de**

Glutensensitivität

Fachleute sind sich darüber einig, dass es neben der Zöliakie auch eine sogenannte Glutenempfindlichkeit gibt, die Probleme im Darm verursacht, aber keinesfalls mit Zöliakie gleichzusetzen ist. Die Mechanismen dieser Störung sind noch nicht geklärt, aber man weiß, dass sie sich nicht in Form von Antikörpern im Blut zeigt, wie es bei der Zöliakie der Fall ist. Auch muss man nicht lebenslang auf glutenhaltiges Getreide verzichten, sondern sollte die eigene Verträglichkeit selbst austesten. Wichtig ist in jedem Fall die ärztliche Diagnose als Grundlage für die weitere Vorgehensweise.

Laktoseunverträglichkeit

Milchzucker in Milch und Milchprodukten ist bei einer Laktoseunverträglichkeit der Auslöser von Beschwerden, die vier bis zehn Stunden nach dem Essen auftreten. Ein Enzym zur Aufspaltung des Milchzuckers fehlt im Dünndarm, sodass der Milchzucker bis in den Dickdarm gelangt und dort eine gute Nahrung für Bakterien ist, die mit ihren Abbauprodukten einen Einfluss auf die Darmflora haben. Mit dem „Atemtest" kann ein Arzt diese Unverträglichkeit feststellen. Auch bei der Laktoseunverträglichkeit sollten Sie nicht auf bloßen Verdacht hin Milch und Milchprodukte weglassen, sondern eine genaue Diagnose der Kinderärztin oder des Kinderarztes abwarten.

Milcheiweißallergie

Eine Allergie gegenüber dem in Milch enthaltenen Eiweiß kommt verstärkt in den ersten Lebensjahren vor und verliert sich häufig bis zum vierten Geburtstag. Hierbei handelt es sich um eine echte Allergie, bei der das Immunsystem auf ein oder mehrere Eiweiße aus der Kuhmilch reagiert. Diese Reaktion kann die Kinderärztin oder der Kinderarzt im Blut feststellen. Die Symptome reichen von Beschwerden im Darm über Husten, Schnupfen und Asthma bis zu Hautrötungen und Juckreiz. Da die Allergie sich auf ein oder mehrere Eiweiße der Kuhmilch beziehen kann, ist die Verträglichkeit der Milch und Milchprodukte auch sehr unterschiedlich. Manche Eiweiße verändern sich durch Erhitzen oder durch das Einwirken von Milchsäurebakterien, etwa bei der Käseherstellung. Andere bleiben beim Erhitzen stabil und wirken unverändert allergieauslösend. Wer testen möchte, ob Milch vertragen wird, sollte daher vorsichtig vorgehen.

Fruktoseunverträglichkeit

In vielen Früchten und auch in Gemüse sorgt die enthaltene Fruktose für Süße. Fruktose ist ein Einfachzucker, der auch Bestandteil des Haushaltszuckers ist. Die gestörte Verwertung von Fruktose kann entweder auf eine erbliche Stoffwechselstörung (hereditäre Fruktoseintoleranz) zurückgehen oder vorübergehend auftreten. Bauchschmerzen, Blähungen und häufiger Stuhlgang sind typische Beschwerden. Auch diese Diagnose muss die Kinderärztin oder der Kinderarzt stellen. Bei einer Fruktoseintoleranz muss vollständig auf Fruktose verzichtet werden. Bei der vorübergehenden Fruktoseunverträglichkeit bringt eine Diät Besserung – unter kinderärztlicher Betreuung oder Anleitung durch eine qualifizierte Ernährungsfachkraft. Meist vertragen die Kinder Fruktose anschließend wieder. Häufig entsteht diese vorübergehende Unverträglichkeit, weil zu viel Fruchtzucker verzehrt wurde. Dieser wird zum Beispiel in Softgetränken eingesetzt und befindet sich in Obst, Säften und Trockenfrüchten.

→ **TIPP**

Machen Sie mit Ihrem Kind keine Diät ohne eine sichere Diagnose! Fragen Sie bei Beschwerden Ihres Kindes oder bei einem Verdacht auf eine Allergie oder Unverträglichkeit zunächst die Kinderärztin oder den Kinderarzt, bevor Sie unnötig Lebensmittel aus Ihrem Haushalt verbannen. Sollte es sich nachweislich um eine Allergie oder Unverträglichkeit handeln, können Sie sich auch an den Deutschen Allergie- und Asthmabund wenden: www.daab.de

Süß – ein besonderer Geschmack

Die Vorliebe für Süßes ist uns Menschen angeboren. Auch Muttermilch ist von Natur aus leicht süß. In den Zeiten, als wir unsere Nahrung noch von Feld und Strauch gesammelt haben, signalisierte „süß“, dass ein Nahrungsmittel verträglich und ungiftig ist. Eine bittere Geschmacksnote galt als Warnung. Mit süßem Geschmack ist allerdings häufig ein hoher Energiegehalt verbunden, der in Kombination mit wenig Bewegung zu Übergewicht und allen damit verbundenen Nachteilen führen kann.

Reizschwelle für Süßes

Der Verbrauch von Zucker lag 2021/2022 bei ca. 34,8 Kilogramm pro Kopf, das entspricht immerhin 95 Gramm Zucker pro Person und Tag mit einem Energiegehalt von ca. 380 Kilokalorien, also bereits knapp ein Viertel des durchschnittlichen täglichen Energiebedarfs eines sieben- bis neunjährigen Kindes. Nicht mitgerechnet sind dabei andere Zuckerarten wie zum Beispiel Glucose, Fructose und daraus hergestellte Sirupe, Ahornsirup oder auch Honig, die in vielen Produkten verarbeitet werden.

→ **TIPP**

Wissenswertes rund ums Thema finden Sie auf der Webseite der Verbraucherzentrale NRW: **www.verbraucherzentrale.nrw** über die Suche unter dem Stichwort „Zucker“

Wir alle entwickeln unsere eigene Reizschwelle, ab der wir etwas als süß empfinden. Bereits im Mutterleib lernt das ungeborene Kind verschiedene Aromen und Geschmacksrichtungen kennen. Später erfährt es die geschmackliche Vielfalt mit der Muttermilch oder Säuglingsnahrung und entwickelt erste Vorlieben. Schon im Säuglings- und Kleinkindalter sollte man daher auf ungesüßte oder wenig süße Zubereitung Wert legen und auf süße Milchnahrung und Trinkbrei verzichten, da die Vorliebe für Süßes sonst noch verstärkt wird.

Braucht der Körper Süßes?

Grundsätzlich brauchen weder Kinder noch Erwachsene Zucker. Den Zucker, den Körperzellen und Gehirn zur Energiegewinnung und für Abläufe im Stoffwechsel benötigen, produziert der Körper selbst, indem er Kohlenhydrate aufspaltet, die als Stärke in Vollkornprodukten, Kartoffeln, Hülsenfrüchten, Gemüse und als Fruchtzucker im Obst enthalten sind. Die Verdauung dieser Lebensmittel erfolgt im Vergleich zu reinem Zucker langsam, sodass der Zucker erst nach und nach an das Blut abgegeben wird. Je mehr und je schneller Zucker ins Blut gelangt, umso mehr Insulin wird benötigt, um es in die Körperzellen zu transportieren. Das ist bei Süßem der Fall. Der Blutzuckerspiegel fällt anschließend rasch, und es entsteht schnell erneut ein Hungergefühl. Langfristig wird so der Insulinstoffwechsel gestört. Gelangt der Zucker dagegen nur langsam ins Blut, entstehen solche Hochs und Tiefs nicht und der Stoffwechsel wird geschont.

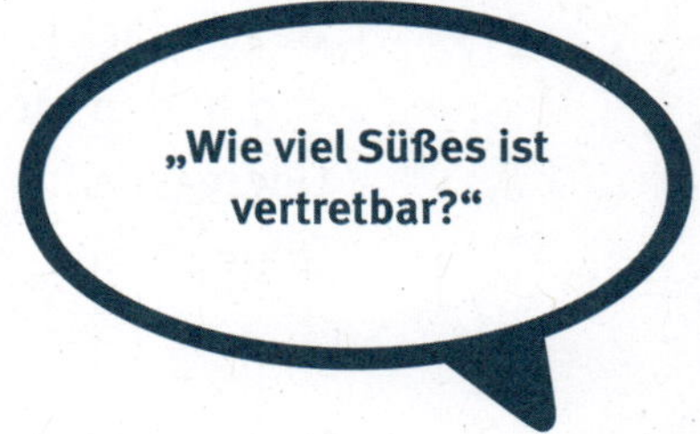

Für Eltern ist es manchmal schwer, die richtige Balance zu finden. Süßes soll keine Belohnung und kein Trostpflaster sein und doch ist verlockend, es zu versprechen, statt Tränen kullern zu sehen. Aber: Süßigkeiten gehören zu den energiereichen Lebensmitteln und enthalten oft auch größere Mengen Fett. Die Weltgesundheitsorganisation (WHO) und weitere Fachgesellschaften empfehlen, nicht mehr als zehn Prozent des täglichen Energiebedarfs in Form von Zucker zu sich zu nehmen. Bei Kindern von 4 bis 14 Jahren heißt das: 125 bis 240 Kilokalorien pro Tag (Energiegehalt von Süßigkeiten → Seite 78). Noch besser: Nur maximal fünf Prozent des Energiebedarfs werden mit Zucker abgedeckt. Mehr dazu ist im Konsensuspapier der DAG, DDG und DGE nachzulesen: www.dge.de, Suche nach „Konsensuspapier Zucker“.

 GUT ZU WISSEN

Zucker und Karies

Karies entsteht durch ein Zusammenspiel verschiedener Faktoren. Schlechte Zahnpflege, häufiger Verzehr von zuckerhaltigen Lebensmitteln wie Süßigkeiten, süßen Limonaden oder Saft, aber auch individuelle Voraussetzungen wie die Zusammensetzung und Menge des eigenen Speichels sind entscheidend. Das Risiko für Karies ist sehr viel geringer, wenn man süße Lebensmittel weitgehend meidet und die Zähne täglich zweimal putzt. Jedoch soll die Reinigung mit der Zahnbürste nicht kurz nach dem Essen, sondern erst 30 Minuten später vorgenommen werden, damit der aufgeweichte Zahnschmelz beim Putzen mit der Bürste nicht leidet. Wegen der Fluoridgabe bei Kleinkindern oder der Nutzung von entsprechenden Zahncremes wenden Sie sich an Ihren Kinderarzt oder Ihre Zahnärztin.

„Muss ich in erster Linie auf Süßigkeiten achten oder sind auch Getränke problematisch?“

Nach wissenschaftlichen Erkenntnissen spielen gesüßte Getränke wie Limonaden oder Eistee eine große Rolle für die Entwicklung von Übergewicht bei Kindern und Jugendlichen. Weltweit sind Verkauf und Konsum von Softdrinks angestiegen, besonders bei Jugendlichen sehr beliebt. 17,5 Prozent der Jungen, 11,5 Prozent der Mädchen von 11 bis 15 Jahren trinken täglich Softdrinks (HBSC Studie 2017/2018).

Wo Zucker überall drinsteckt

Der gebräuchlichste Zucker bei uns ist Haushaltszucker, auch Saccharose genannt. Er wird aus Zuckerrüben und Zuckerrohr gewonnen. An der Zutatenliste eines Produkts können Sie sehen, ob nur Haushaltszucker oder auch andere Zuckerarten im Produkt enthalten sind. Die verschiedenen Zuckerarten sind dort in absteigender Reihenfolge aufgeführt, das heißt, die Zutat mit dem größten Gewichtsanteil steht an erster Stelle. Oft sind verschiedene Zuckerarten an unterschiedlichen Stellen aufgeführt. Den gesamten Zuckergehalt pro 100 Gramm/Milliliter finden Sie in der Nährwertkennzeichnung. Mehr zum Thema Zucker findet sich unter: **www.verbraucherzentrale.de/node/81607**

Zu Zuckern und zuckerreichen Zutaten gehören:
Neben dem Haushaltszucker sind brauner Zucker, Kokosblütenzucker, Ahornsirup, Zuckerrübensirup, Agaven-, Apfel- und Birnendicksaft Zutaten, die süßen und ein gesünderes Image haben. Sie sind aber wie normaler Zucker sehr energiereich und sind daher auch wie Zucker zu bewerten.

Weitere süßende Zutaten sind zum Beispiel
- → Kandis, Hagelzucker.
- → Fruchtzucker (Fructose) oder Traubenzucker (Glucose).
- → Milchzucker (Lactose) oder Malzzucker (Maltose).
- → Zuckersirup aller Art – vom reinen Glucosesirup über Glucose-Fructose-Sirup bis zum Fructosesirup gibt es ganz unterschiedliche Varianten.
- → Zutaten wie Obst oder Honig oder Fruchtzubereitung.
- → Süßmolkenpulver – es gilt als besonders „zuckerreich".

Honig ist zwar naturbelassen, für die Zähne aber ebenso ungünstig wie Zucker, da er durch seine Klebrigkeit besonders gut haftet. Für Kinder unter einem Jahr ist Honig ungeeignet, weil für Säuglinge schädliche Bakterien enthalten sein können. Außerdem sollte Honig nicht zu stark erhitzt werden, weil es bei Temperaturen über 120 Grad Celsius und geringer Feuchtigkeit zur Bildung von Acrylamid kommen kann (→ Seite 34).

Fruchtzucker (Fructose): Er sorgt in vielen Früchten auf natürliche Weise für Süße. In der Lebensmittelindustrie werden häufig Fruchtzucker und Fructosesirup anstelle von Zucker verwendet. Doch unser Verdauungsapparat ist für größere Mengen Fruchtzucker nicht geschaffen. Ein übermäßiger Genuss kann Magenschmerzen und Durchfall auslösen. Zudem steht Fruchtzucker im Verdacht, Übergewicht zu fördern und an der Entstehung von Diabetes beteiligt zu sein. Für gesunde Erwachsene und Kinder können mehr als 35 Gramm Fruchtzucker pro Mahlzeit (= ca. zwei Gläser Apfelsaft) schon zu viel sein. Isst man die empfohlenen zwei Portionen Obst pro Tag, führt das bei Gesunden zu keinerlei Beschwerden. Die Fruchtzuckeraufnahme darüber hinaus sollte möglichst gering sein. Achten Sie in der Zutatenliste auf Begriffe wie Fruchtzucker, Fructose-Glucose-Sirup und Fructose.

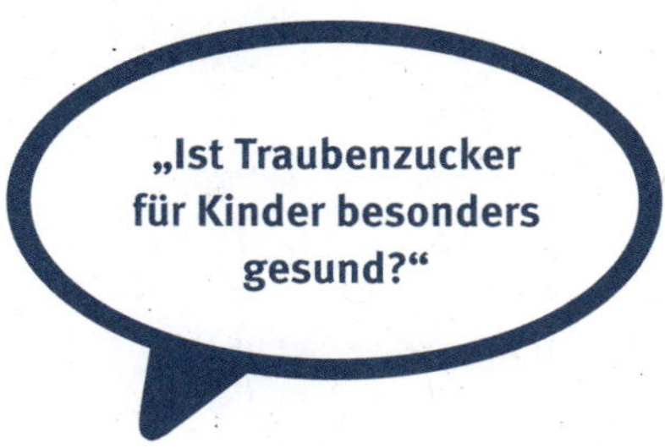

Nein, Traubenzucker bietet weder Kindern noch Erwachsenen Vorteile. Für Schule und Spiel ist Traubenzucker keine sinnvolle Unterstützung, sondern wie anderer Zucker auch lediglich ein Lieferant „leerer Kalorien“.

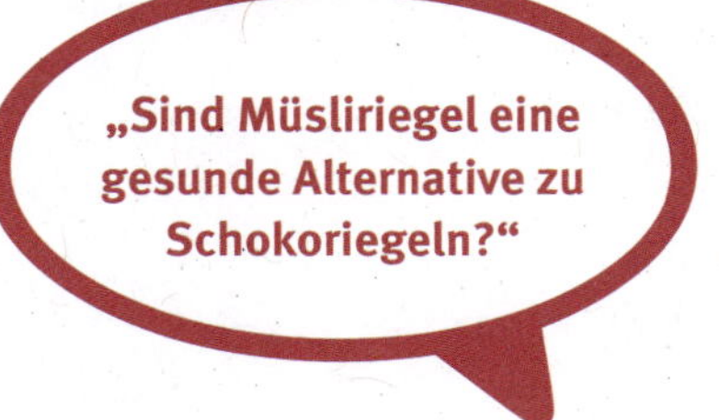

Nein. Ein handelsüblicher Müsliriegel enthält häufig bis zu 20 Prozent Zucker (Trauben-, Frucht-, Malz- oder Haushaltszucker, Honig oder Sirup). Dieser Nachteil kann durch den Ballaststoffgehalt aus den Getreideflocken, Nüssen oder dem Trockenobst nur schwer ausgeglichen werden. Müsliriegel mögen das Gewissen beruhigen, sind aber genau wie „Energy Balls“ und ähnliche vermeintlich gesunde „Power-Snacks“ als Süßigkeiten einzuordnen. In unserem Rezeptteil finden Sie Anregungen für zuckerärmere Zwischenmahlzeiten und Nachspeisen.

 ACHTUNG

Hinter „weniger süß“, „weniger Zucker“, „ohne Kristallzucker“ oder „Traubenfruchtsüße“ verbirgt sich oft ein hoher Fruchtzuckeranteil. Auch Milchprodukte, Mineralwasser mit Fruchtgeschmack, Wellness- und Diät-Erfrischungsgetränke können Fruchtzucker enthalten.

Alternativen zu Süßigkeiten und Zucker

Süßigkeiten ersetzen

Alternativen zu Süßigkeiten sind frisches Obst, Trockenfrüchte oder Nüsse, zwischendurch auch so etwas Ausgefallenes wie Ananas, Mango oder Feige. Obst und Trockenfrüchte enthalten zwar auch Zucker, aber zusätzlich Vitamine, Mineralstoffe, sekundäre Pflanzenstoffe und Ballaststoffe. Sie sind keine „leeren Kalorien“, ab und zu können sie anstatt Süßigkeiten die Lust auf den süßen Geschmack befriedigen.

Um Kindern eine Freude zu machen, müssen Sie nicht auf Süßigkeiten zurückgreifen. Auch kleine Geschenke wie zum Beispiel Sticker, Buntstifte, Spielzeugautos oder kleine Heftchen zum Vorlesen sind bei verschiedenen Gelegenheiten willkommen.

Und die kostbarste Alternative: Zeit schenken für gemeinsame Unternehmungen. Ein Besuch im Zoo oder Kino, Schwimmen, eine Radtour, Vorlesen, Geschichten erzählen, ein Spielenachmittag oder miteinander toben und schmusen – wem fehlen da noch Süßigkeiten?

So viel Zucker steckt in beliebten Kindersnacks

PRODUKT	PORTION	KALORIENGEHALT PRO PORTION	ZUCKERANTEIL IN GRAMM/ZUCKERWÜRFEL PRO PORTION
Kinderjoghurt mit Cerealien	150 g	165 kcal	10,4 g/3,5 Würfel
Kinderpudding	125 g	123 kcal	13 g/4,3 Würfel
Kinderquark mit Frucht	50 g	46 kcal	5,2 g/1,7 Würfel
Trinkjoghurt	100 g	79 kcal	12,8 g/4 Würfel
Quark im Quetschbeutel	70 g	57 kcal	6,9 g/2,3 Würfel
Cerealien	30 g	113 kcal	10 g/3,3 Würfel
Schokoriegel	25 g	123 kcal	12,2 g/4 Würfel
Schokolade für Kinder	12,5 g	71 kcal	6,7 g/2 Würfel
Eisteegetränk	0,5 l	180 kcal	44 g/14,7 Würfel
Fruchtsaftgetränk Orange	0,2 l	68 kcal	16,2 g/5,4 Würfel
Kakao, trinkfertig	0,2 l	144 kcal	19,4 g/6,5 Würfel
Sojadrink, Schokoladengeschmack, vegan	0,2 l	158 kcal	14 g/4,6 Würfel
Kekse für Kinder	50 g/ Packung	233 kcal	10 g/3,3 Würfel
Hörnchen mit Nuss-Nougat-Füllung	48 g	220 kcal	13 g/4,3 Würfel

Neben diesen Beispielen gibt es viele weitere Produkte in den Supermarktregalen. Erfreulicherweise wurde bei manchen Produkten der Zuckergehalt in den letzten Jahren leicht reduziert, andere sind gleich geblieben oder enthalten sogar mehr Zucker. Schauen Sie in den Nährwertangaben auf den Zuckergehalt pro Portion oder werfen Sie einen Blick auf den Nutri-Score, den einige Hersteller verwenden. Je weiter das Produkt in Richtung des grünen „A" eingeordnet ist, umso besser. Die meisten Leckereien liegen allerdings eher im orangen oder roten Bereich bei „D" und „E" und sind nur in Maßen oder gar nicht für Kinder zu empfehlen.

Zucker ersetzen

Süßungsmittel: Bei Süßungsmitteln unterscheidet man zwischen Zuckeraustauschstoffen und Süßstoffen. Sie werden als Zusatzstoffe im Zutatenverzeichnis von Produkten aufgelistet und verursachen keine Karies. Zuckeraustauschstoffe liefern weniger Energie als Zucker. Süßstoffe sind praktisch kalorienfrei.

Zuckeraustauschstoffe: Sorbit, Lactit, Maltit, Mannit, Isomalt, Polyglycitolsirup, Erythrit oder Xylit (Birkenzucker) besitzen weniger Süßkraft als Zucker und sind nicht ganz kalorienfrei. Schon bei Aufnahme kleiner Mengen verursachen diese Stoffe bei Kindern oft Beschwerden wie Blähungen, Bauchschmerzen und Durchfall. Im Gegensatz zu Zucker fördern sie jedoch kaum oder gar nicht die Entstehung von Karies. Besonders Xylit wird daher in Kaugummis, Bonbons und Getränken eingesetzt. Zuckeraustauschstoffe sorgen dafür, dass die Vorliebe für Süßes auf gleich hohem Niveau bleibt und man weniger süßes eher nicht mag. Daher empfehlen wir eher das wohldosierte Süßen mit natürlichen Zutaten. Süß- und Zuckeraustauschstoffe werden in der Zutatenliste aufgeführt.

Als Süßstoffe sind zugelassen: Advantam, Aspartam, Acesulfam-K, Aspartam-Acesulfam-Salz, Cyclamat, Neohesperidin, Neotam, Saccharin, Steviolglykosid, Sucralose und Thaumatin. Häufig sind Mischungen verschiedener Süßstoffe in Lebensmitteln zu finden. Sucralose sollte nicht über 120 Grad Celsius erhitzt werden, weil sich dann gesundheitsschädliche Stoffe bilden. Die Zutatenliste gibt Aufschluss über die Art des verwendeten Süßungsmittels.

→ **TIPP**

Mehr dazu finden Sie unter:
verbraucherzentrale.nrw/zuckerwerbung

ADI-Werte

Die Europäische Behörde für Lebensmittelsicherheit (EFSA) und die Weltgesundheitsorganisation (WHO) haben für Süßstoffe sogenannte ADI-Werte festgelegt, die in Milligramm pro Kilogramm Körpergewicht angegeben werden. Die Abkürzung „ADI" steht für „acceptable daily intake" und heißt übersetzt „duldbare tägliche Aufnahme". Der ADI-Wert gibt die Menge eines Stoffes an, die täglich und über die gesamte Lebenszeit verzehrt werden kann, ohne dass hierdurch gesundheitliche Gefahren zu erwarten wären. ADI-Werte gibt es immer nur für einen einzelnen Stoff und nicht für die Kombination verschiedener Süßungsmittel.

Fazit

Lebensmittel, die mit Süßstoffen und/oder Zuckeraustauschstoffen gesüßt sind, sind keine empfehlenswerten Lebensmittel für Kinder. Sie sind keine Alternative zu Zucker und sollten, wenn überhaupt, nur in Ausnahmefällen verwendet werden. Kinder überschreiten aufgrund ihres geringen Körpergewichts schneller die als sicher eingestuften Mengen an Süßstoffen. Sie kommen rasch auf die ADI-Werte, wenn sie mit Süßstoff gesüßte Getränke trinken. Es handelt sich zwar um energiefreie Süßungsmittel und sie sind nicht kariesfördernd. Zu den langfristigen Folgen von Süßungsmitteln bei Kindern besteht aber noch großer Forschungsbedarf. Sprechen Sie mit Ihren Kindern über Alternativen, besonders beim Übergang in die weiterführende Schule, wenn Getränke und Snacks am Schulkiosk verkauft werden. Denn für alle Süßungsmittel gilt, dass die Vorliebe für die Geschmacksrichtung „süß" dadurch weiter ausgebaut wird.

Näheres zu den Süßungsmitteln, den E-Nummern und dem ADI-Wert finden Sie unter: **www.zusatzstoffe-online.de**

Umgang mit Süßigkeiten

Verbieten Sie Ihrem Kind Süßigkeiten nicht grundsätzlich. Zum einen haben verbotene Sachen bekanntlich einen besonderen Reiz, zum anderen lässt sich ein Verbot nicht durchhalten: Spätestens bei Freunden oder Oma und Opa nutzen Kinder die Gelegenheit, Süßigkeiten zu essen, und stopfen sich unter Umständen regelrecht damit voll. Außerdem kaufen sie Süßigkeiten durchaus vom Taschengeld – laut Kinder-Medien-Studie geben die 4- bis 13-jährigen Kinder in Deutschland ihr eigenes Geld sogar an erster Stelle für Süßigkeiten, Kekse und Kaugummi aus. Erfolgversprechender ist es also, bewusst mit Süßem umzugehen. Obst oder Nüsse können das Süßbedürfnis beträchtlich abkühlen.

Vereinbaren Sie zum Verzehr von Süßigkeiten Spielregeln. Zum Beispiel:

- Ein Stück wird sofort probiert, der Rest wandert in eine spezielle „süße Dose".
- An den Süßigkeitenvorrat geht man nur gemeinsam. So können Sie die Menge im Blick halten.
- Es gibt eine Ration für eine Woche, die Sie mit Ihrem Kind festlegen. Sie überlassen es Ihrem Kind, ob und wie es sich diesen Vorrat aufteilt.
- Es wird nur einmal täglich Süßes gegessen.
- Süßes wird nicht unmittelbar vor dem Essen genascht.
- Sie selbst kaufen keine oder nur wenige Süßigkeiten auf Vorrat.

„Wie gehe ich damit um, wenn Großeltern und Freunde ständig Süßes mitbringen?"

Versuchen Sie auch in diesem Fall, Spielregeln mit Ihren Kindern zu vereinbaren, etwa die Dose für den Süßigkeitenvorrat. Auch können Sie Gästen vorab Tipps für kleine Mitbringsel geben, die keine Süßigkeiten sind. Bleiben Sie entspannt, wenn es einmal etwas mehr Süßes ist, zum Beispiel bei besonderen Festen. Wichtig ist, danach wieder zum gesunden Maß zurückzukehren.

Die Küche: Gut geplant ist halb gekocht

Auch wenn für Sie sicher nicht alles neu ist, wecken unsere Tipps rund um eine ausgewogene Kinderernährung bei Ihnen vielleicht den Wunsch nach Veränderung. Der Erfolg ist am größten, wenn Sie in kleinen Schritten vorgehen. Denn alle Familienmitglieder lieben ihre Gewohnheiten und haben ihre Lieblingsspeisen. Besprechen Sie mit Ihrer Familie behutsam Ihre Ideen und beziehen Sie die Kinder mit ein: durch Fragen, was sie gerne noch mal essen möchten, durch Kochen von Lieblingsgerichten – und durch Überraschungen.

Der Einkauf: wie oft, wann und wo?

Alle Lebensmittel, die Sie für unsere Rezepte benötigen, sind in der Regel im Handel erhältlich. Vollkornnudeln und Vollkornreis finden sich dort ebenso wie Vollkornmehl aus Weizen, Dinkel oder Roggen oder auch Mehl aus Hülsenfrüchten.

Kaufen Sie Gemüse und Obst möglichst nach der Saison. Ein Saisonkalender erleichtert Ihnen die Auswahl nach Jahreszeit und garantiert die Abwechslung auf dem Teller aus bei uns üblicherweise gehandelten Obst- und Gemüsesorten. Sie finden die Übersicht unter: **www.verbraucherzentrale.nrw/saisonkalender-obst-und-gemuese**

Unser Einkaufsplan auf → Seite 85 erleichtert Ihnen den Einkauf: Von den haltbaren Lebensmitteln wird ein Vorrat angelegt, frische Dinge müssen zwei- bis dreimal pro Woche eingekauft werden.

Lebensmittel nachhaltig auswählen

Nachhaltig einzukaufen bedeutet, Produkte nach ökologischen, ökonomischen und gesellschaftlichen Kriterien auszuwählen. Unser Einkaufsverhalten soll die Ernährungsgrundlagen künftiger Generationen nicht gefährden.

Die Grundsätze für nachhaltiges Einkaufen lauten:

- → Essen Sie betont pflanzlich, zum Beispiel mehr Hülsenfrüchte und Gemüse.
- → Essen Sie selten Fleisch und Wurst, dafür und wenn, dann vielleicht solche mit Haltungsformkennzeichnung ab Stufe 3.
- → Kaufen Sie gering bzw. mäßig verarbeitete Lebensmittel.
- → Achten Sie auf umweltverträglich verpackte Erzeugnisse.
- → Wählen Sie ökologisch erzeugte Lebensmittel.
- → Entscheiden Sie sich möglichst für regionale und saisonale Produkte.
- → Unterstützen Sie mit Ihrem Kauf sozialverträglich erzeugte Produkte wie zum Beispiel Lebensmittel aus dem fairen Handel.
- → Überlegen Sie, was Sie wirklich verwerten können, und versuchen Sie, Lebensmittelabfälle im Haushalt zu vermeiden.

Orientieren Sie sich beim Einkauf beispielsweise an den entsprechenden Siegeln.

Weiterführende Informationen finden Sie unter:
www.verbraucherzentrale.nrw/haltungsform-milch
www.verbraucherzentrale.de/fairer-handel
www.verbraucherzentrale.de/node/8382
(Lebensmittel: Zahlen, Zeichen, Codes und Siegel)
www.verbraucherzentrale.nrw/regionale-lebensmittel
www.verbraucherzentrale.de/node/59543
(Lebensmittel wertschätzen und vor der Tonne bewahren)

→ TIPP

Falls Sie sich intensiver mit Themen rund um den Klimaschutz beim Essen informieren möchten, finden Sie mehr dazu in unserem Ratgeber „So gut schmeckt Klimaschutz“:
www.ratgeber-verbraucherzentrale.de

Der Vorrats- und Einkaufsplan

Das gehört in Küche und Keller:

- Kartoffeln
- Vollkornmehl, Vollkornnudeln, Vollkornreis oder Parboiled Reis
- Hülsenfrüchte (z.B. Linsen, Erbsen, Bohnen, Kichererbsen), getrocknet und/oder im Glas
- Getreideflocken, Müsli, Getreideschrot
- Zwieback, Knäckebrot
- Zwiebeln, Knoblauch
- getrocknete Gewürze und Kräuter
- Salz, Pfeffer, Paprika
- Instant-Gemüsebrühe
- Essig, verschiedene Öle, Senf
- Nüsse, Sonnenblumenkerne, Sesam- und Leinsamen, Mandeln, Walnüsse
- Rosinen und andere Trockenfrüchte
- Konfitüre, Zucker
- vegetarischer Aufstrich
- Tomatenmark, pürierte Tomaten im Glas oder in der Dose
- Tee, Obstsaft

Das gehört in Tiefkühltruhe/-schrank:

- verschiedene Gemüse (z.B. Spinat, Erbsen, Rotkohl, Brokkoli)
- verschiedene Kräuter
- Fleisch
- Fisch
- Brot (maximal 2 Wochen lagern)

Das wird wöchentlich gekauft:

- Milch
- Joghurt, Quark
- Käse
- Eier
- Butter, Margarine

Das wird frisch und nach Bedarf gekauft:

- Obst
- Gemüse, Salat, Kräuter
- Schmand, Sahne
- Fleisch, Wurst
- Fisch
- Brot, Brötchen

Einkaufsregeln, die das Leben erleichtern:

- Den Wocheneinkauf nicht zu Stoßzeiten erledigen.
- Einen günstigen Zeitpunkt planen, wenn Sie ohne Kinder einkaufen möchten.
- Den Einkaufszettel nach Produktgruppen sortieren und im Laden die Liste nach und nach abhaken.
- Wenn wenig Zeit für Produktvergleiche ist, Ausschau nach dem Nutri-Score halten – er gibt schnellen Aufschluss

über die Nährwerte vieler Lebensmittel und kann die Auswahl erleichtern.

- → Prüfen, ob Lebensmittel teilweise geliefert werden können, zum Beispiel Getränkekästen, Gemüsekisten im Abo.
- → Bei Großeinkäufen auf die Hilfe von Familienmitgliedern zurückgreifen.

Tipps für den Einkauf mit Kindern:

- → Lassen Sie nach Möglichkeit Ihr Kind den Einkaufszettel schreiben.
- → Gehen Sie nicht mit knurrendem Magen und nur mit satten Kindern einkaufen.
- → Geben Sie den Kindern kleine Aufträge, Dinge zu suchen oder zu holen.
- → Sprechen Sie vor dem Einkauf über eventuelle Wünsche des Kindes und treffen Sie dazu eine Vereinbarung, an die Sie sich beide halten. Dabei sollte jeder einmal Kompromisse eingehen.
- → Ein Einkauf auf Markt oder Bauernhof ist für Kinder eher eine Attraktion.

Zeitspartipps fürs schnelle Kochen

1. **Kartoffeln – die doppelte Menge als Pellkartoffeln garen**
   Am ersten Tag gibt es Pellkartoffeln mit Quark und am zweiten Tag Bratkartoffeln, Kartoffelgratin oder Kartoffelsalat.

2. **Nudeln – die doppelte Menge kochen**
   Am ersten Tag gibt es Nudeln mit Soße und am zweiten Tag sind die Nudeln Bestandteil eines Gemüseauflaufs.

3. **Reis – die doppelte Menge kochen**
   Die am ersten Tag nicht benötigte Menge wird eingefroren oder für den nächsten Tag in den Kühlschrank gestellt. Eingefrorener Reis wird nach dem Auftauen mit Zwiebeln in Butter oder Öl angebraten und zu Gemüse oder Soße serviert.

4. **Auf Vorrat kochen und backen – und dann einfrieren**
   Eintopfgerichte, Tomatensoßen, Fleisch- und Fischspeisen, Getreidegerichte, Bratlinge, Gemüsegerichte, Brötchen, Früchtebrot, Brotaufstrich; Wenig geeignet zum Einfrieren sind Pell- und Salzkartoffeln.

5. **Tiefkühlkost verwenden**
   Tiefkühlprodukte erleichtern die Zubereitung einer warmen Mahlzeit, wenn die Zeit knapp ist. Achten Sie allerdings auf die Zutatenliste. Empfehlenswert sind Produkte ohne weitere Zutaten, zum Beispiel Gemüse ohne Rahm, Obst ohne Zucker, Fleisch und Fisch ohne Panade, Füllung oder Soße.

Hygiene: Mahlzeiten tipptopp zubereitet

Mikroorganismen wie Bakterien, Hefen und Schimmelpilze sorgen dafür, dass Lebensmittel verderben. Sie können überall vorhanden sein und auf Lebensmitteln wachsen oder sich vermehren, wenn die Bedingungen gut sind. Wer mit diesen Mikroorganismen belastete Lebensmittel isst oder trinkt, kann Durchfall, Erbrechen und ernste Lebensmittelvergiftungen bekommen. Kinder und Schwangere erkranken wesentlich schneller. Lebensmittelinfektionen können Sie vermeiden. Wir vermitteln Ihnen dafür das notwendige Wissen: wie Sie grundsätzlich mit Lebensmitteln umgehen, sie aufbewahren und kochen.

Besonders empfindliche Lebensmittel:

- Fleisch, Geflügel, Wurst, Eier, Milch und (Räucher-)Fisch
- rohe und nicht durchgegarte Fleischgerichte, Rohwurst (für Kleinkinder und Schwangere nicht geeignet!)
- Speisen mit rohen Eiern, wie selbst gemachtes Tiramisu oder selbst gemachte Mayonnaise (für Kleinkinder und Schwangere nicht geeignet!)
- Rohkost und abgepackte Schnittsalate
- Mahlzeitreste, die nach der Zubereitung nicht genügend gekühlt wurden

Mindesthaltbarkeitsdatum oder Verbrauchsdatum?

Das Mindesthaltbarkeitsdatum (MHD) gibt das Datum an, bis zu dem die Ware bei Einhaltung der angegebenen Lagerbedingungen „mindestens“ haltbar ist. Viele Lebensmittel sind aber weitaus länger haltbar und können auch nach Ablauf dieses Datums noch gut gegessen werden. Prüfen Sie abgelaufene Lebensmittel nach Geruch, Farbe und Konsistenz und verbrauchen Sie diese dann kurzfristig, wenn sie noch in Ordnung sind.

Ein Verbrauchsdatum („verbrauchen bis“) ist für besonders schnell verderbliche, empfindliche Lebensmittel vorgeschrieben – zum Beispiel bei Hackfleisch oder frischem Fisch. Hier kann nach Ablauf des Datums eine Gesundheitsgefahr durch Keime entstehen; deshalb darf das Lebensmittel dann nicht mehr gegessen werden. Diese Lebensmittel so schnell wie möglich, auf jeden Fall bevor das Verbrauchsdatum erreicht ist, verzehren.

10 Hygieneregeln für Einkauf, Lagerung und Zubereitung

Auf die Kühlkette achten.

Transportieren Sie Lebensmittel, die gekühlt werden müssen, rasch nach Hause und lagern Sie sie sofort im Kühlschrank oder Tiefkühlfach. Empfehlenswert ist, für den Transport Kühl- bzw. Isoliertaschen zu nutzen.

❷ Den Kühlschrank richtig befüllen.

Überprüfen Sie die Temperatur in Ihrem Kühlschrank und beachten Sie die unterschiedlichen Temperaturzonen. Das Mindesthaltbarkeitsdatum für zu kühlende Lebensmittel bezieht sich meist auf einen Bereich zwischen 6 und 8 °C. Manche Produkte, zum Beispiel vorverpacktes Hackfleisch, haben ein Verbrauchsdatum und dürfen nur bei maximal 2 °C lagern.

Fleischgerichte durchgaren.

Erhitzen Sie Geflügel- und Fleischgerichte unbedingt ausreichend, bis der austretende Fleischsaft klar ist und das Fleisch eine weißliche (Geflügel), graurosafarbene (Schwein) oder graubraune (Rind) Farbe angenommen hat. Im Inneren des Lebensmittels müssen mindestens 70 °C für zwei Minuten erreicht werden. Rohes Fleisch, wie zum Beispiel Tartar, ist für Schwangere und Kinder tabu.

Produkte richtig auftauen.

Tauen Sie tiefgefrorenes Fleisch im Kühlschrank auf und schütten Sie die Auftauflüssigkeit weg. Die Flüssigkeit darf nicht auf rohe, nicht mehr erhitzbare Speisen wie Salat tropfen.

Hände waschen nicht vergessen.

Waschen Sie sich vor der Zubereitung von Speisen die Hände – insbesondere im Umgang mit rohem Fleisch oder Geflügel. Reinigen Sie zudem die Gerätschaften, die mit Fleisch, Fisch, Geflügel oder rohen Eiern in Kontakt gekommen sind, sofort mit heißem Wasser und Spülmittel.

Küchenutensilien pflegen.

Reinigen Sie vor allem Schneidebretter gründlich und tauschen Sie zerkratzte Schneidebretter aus. In der Profiküche werden unterschiedliche Bretter für Fleisch, Gemüse und Obst verwendet.

Empfindliche Speisen schnell kühl stellen.

Stellen Sie Speisen, die rohe Eier enthalten, zum Beispiel Tiramisu, Mousse au Chocolat oder Zabaione, sofort nach der Zubereitung in den Kühlschrank und bewahren Sie sie maximal 24 Stunden auf. Risikogruppen wie ältere Menschen, kleine Kinder oder Schwangere sollten auf Speisen mit rohen Eiern verzichten.

8

Spülutensilien häufig waschen.

Wechseln Sie häufig Spüllappen, -bürsten und Handtücher aus. Spüllappen und Handtücher waschen Sie bei 60 °C. Spülbürsten wandern regelmäßig in die Spülmaschine. Spülschwämme sind eher nicht zu empfehlen, da sie einen guten Nährboden für Mikroorganismen darstellen und schnell verkeimen.

Haustiere fernhalten.

Halten Sie Haustiere von Lebensmitteln fern und streicheln Sie sie nicht während des Kochen oder beim Essen.

TK-Beeren vor dem Verzehr erhitzen.

Verarbeiten Sie keine tiefgekühlten Beeren, die nicht mehr erhitzt werden. Denn gefrorene Beeren können zum Beispiel mit Noroviren belastet sein. Greifen Sie deshalb auf saisonale Früchte zurück oder erhitzen Sie die Beeren ausreichend, bevor sie wieder gekühlt werden oder in Gerichte wie Desserts wandern.

Kinder helfen in der Küche

Vielen Eltern erscheint es leichter, das Kochen allein zu übernehmen. Aber es lohnt sich auf jeden Fall, Kinder schon früh einzubinden und mit kleinen Aufgaben zu betrauen. Sicherlich macht dies anfangs etwas Mühe und erfordert viel Geduld – ganz abgesehen von der Sorge, dass das Kind sich schneiden, verbrennen oder anders verletzen könnte. Aber so lernen die Kinder frühzeitig und praktisch die Lebensmittel und ihre Verwendung und Zubereitung in der Küche kennen. Außerdem üben sie, mit Messer und Küchengeräten umzugehen. Wenn sie dabei nicht nur „Handlanger“ sind, sondern gleichzeitig Verantwortung für einen Teilbereich übernehmen, wird ihre Mithilfe mit der Zeit eine Entlastung. Das Wichtigste ist natürlich, dass es den Kindern Spaß macht!

Das können Kinder je nach Alter tun:

- → Einkaufsliste führen
- → allein einkaufen (z. B. beim Bäcker) oder beim gemeinsamen Einkaufen im Supermarkt Dinge holen gehen
- → die Einkaufstasche ausräumen
- → Kuchen oder Plätzchen backen (Zutaten wiegen, Teig zubereiten)
- → Obst, Gemüse oder Salat waschen
- → Desserts, Obstsalat, Rohkost zubereiten (rühren, schneiden)
- → Kräuter ziehen, pflegen und ernten
- → ein eigenes Gemüsebeet betreuen
- → Pizza, Kuchen usw. belegen
- → Tisch decken und schmücken
- → Getränke einschenken
- → spülen und abtrocknen
- → einen Speiseplan erstellen (für einen Geburtstag, ein Sonntagsessen usw.)

Rezepte

Allgemeine Hinweise zu den Rezepten

Portionen

Die Rezepte sind für vier durchschnittlich große Portionen, wenn nicht anders angegeben. Essen kleinere Kinder mit, können Reste entstehen, die Sie in vielen Fällen einfrieren können.

Nährwertangaben

Energie- und Nährwertangaben finden Sie beim jeweiligen Rezept. Wenn nichts anders angegeben, jeweils für eine durchschnittlich große Portion berechnet.

Zeitbedarf

Für die meisten Rezepte brauchen Sie in der Regel nicht mehr als 30 Minuten aktive Vorbereitungszeit. Back- und Garzeiten, in denen Sie nicht anwesend sein müssen, und Zeiten, in denen Sie Ihrem Kind etwas zeigen und erklären, sind nicht mitgerechnet.

Wenn Rezepte zeitintensiver sind und eine aktive Vorbereitungszeit von 45–60 Minuten benötigen, sind sie mit 🕓 gekennzeichnet.

Einfriertauglich

Rezepte, die mit * gekennzeichnet sind, lassen sich gut einfrieren.

Backofentemperaturen

In der Regel empfehlen wir für unsere Rezepte das Backen oder Garen mit Umluft, weil die Hitze sich gleichmäßiger im Ofen verteilt. Ein Vorheizen ist dann nicht erforderlich. Die Temperatur beträgt bei Umluft ca. 20 °C weniger als bei Ober- und Unterhitze.

Für Brote und Brötchen raten wir zu Ober- und Unterhitze, weil das Gebäck dann nicht zu trocken und die Kruste nicht zu fest wird. Bei Hefeteig können Sie die Aufheizzeit des Ofens als Gehzeit für den Teig nutzen.

Abkürzungen

EL	=	Esslöffel (gestrichen)
TL	=	Teelöffel (gestrichen)
Msp.	=	Messerspitze
Pck.	=	Päckchen
TK	=	Tiefkühlkost

Löffelmaße

LEBENSMITTEL	1 TEELÖFFEL (TL) IN GRAMM	1 ESSLÖFFEL (EL) IN GRAMM
Lebensmittel	1 Teelöffel (TL) in Gramm	1 Esslöffel (EL) in Gramm
Butter	5	10
Crème fraîche	5	15
Essig	5	10
Frischkäse	–	15
Frischkäse, körnig	–	25
Haferflocken	–	10
Haselnusskerne, gemahlen	5	10
Hirsekörner (roh)	–	10
Honig, Ahornsirup	5	10
Kakaopulver	2	5
Käse, gerieben	–	10
Konfitüre	5	10
Kräuter	2	5
Kürbiskerne	–	15
Leinsamen	3	10
Maiskörner (Glas)	–	25
Margarine	5	10
Mehl, Vollkornmehl	3	10

Löffelmaße

LEBENSMITTEL	1 TEELÖFFEL (TL) IN GRAMM	1 ESSLÖFFEL (EL) IN GRAMM
Milch	–	15
Müsli	–	10
Nüsse, gehackt	5	10
Öl	5	10
Parmesan	–	10
Quark, mager	10	25
Rosinen	5	15
Sahne, flüssig	–	10
Sahne, geschlagen	–	15
Salz	5	–
Saure Sahne, Joghurt	–	15
Senf	2	10
Sesamsamen	2	5
Sonnenblumenkerne	–	10
Tomatenmark	5	15
Zucker	5	15

Das Volumen beträgt beim Esslöffel ca. 15 ml und beim Teelöffel ca. 5 ml.

Frühstück

Knusprige Weizenbrötchen

Für 16 Stück

1 Würfel frische Hefe oder
1 ½ Pck. Trockenhefe
350 ml lauwarmes Wasser
2 TL Jodsalz
500 g Weizenvollkornmehl
+ etwas zum Verarbeiten

Zum Bestreuen:
z.B. Mischung aus je 3 EL Sesam- oder Mohnsamen, Sonnenblumenkernen, Haferflocken, Kümmel

1. Die Hefe im Wasser auflösen, Salz zufügen und Mehl einarbeiten. Die Trockenhefe kann direkt mit den Zutaten gemischt werden. Den Teig einige Minuten kneten (etwas Mehl zum Streuen verwenden) und anschließend ca. 20 Minuten gehen lassen.
2. Eine kleine Schüssel mit kaltem Wasser, einen Backpinsel, ein Backblech mit Backpapier oder Dauerbackfolie sowie die Mischung zum Bestreuen bereitstellen.
3. Den Teig nach dem Ruhen nochmals kräftig durchkneten. Aus dem Teig eine Rolle formen und in 16 Stücke teilen. Die Brötchen formen, mit dem Wasser bestreichen und die Oberfläche in die Streusamen tauchen.
4. Den Backofen auf 200 °C Ober-/Unterhitze vorheizen und eine Schüssel mit 250 ml kaltem Wasser in den Backofen schieben. Die Brötchen auf das vorbereitete Blech setzen, nochmals 20 Minuten gehen lassen und anschließend ca. 20 Minuten backen.

Pro Stück:
Energie: 125 kcal | Fett: 2 g | Kohlenhydrate: 21 g
Eiweiß: 5 g | Ballaststoffe: 4 g

Frisch gebackene Rosinenbrötchen

Für 16 Stück

150 g Magerquark
6 EL Milch, 1,5 % Fett
6 EL Rapsöl
80 g Zucker oder Honig
1 Msp. Vanillepulver
2 Prisen Jodsalz
300 g Mehl (halb Vollkorn- und halb helles Mehl)
2 TL Backpulver
5 EL Rosinen

1. Den Backofen auf 200 °C Ober-/Unterhitze vorheizen. Den Magerquark mit Milch, Öl, Zucker oder Honig, Vanille und Salz verrühren. Mehl und Backpulver zugeben und alles zu einem geschmeidigen Teig kneten. Mit der Hand die Rosinen untermengen und den Teig zu einer Rolle formen. In 16 gleich große Stücke teilen und zu Brötchen formen.
2. Die Brötchen auf ein gefettetes Backblech legen und auf der mittleren Schiene 15–20 Minuten backen.

Vanille: Die Königin der Gewürze
Wenn in unseren Rezepten Vanille als Zutat angegeben ist, meinen wir damit das Vanillepulver, das aus der getrockneten Vanilleschote gemahlen wird. Bei der Verwendung einer ganzen Schote lösen Sie das Mark und die Samen heraus und können die eigentliche Schote dann weiter nutzen. Sie können sie beispielsweise in ein Schraubglas mit Zucker einlegen, um den Zucker zu aromatisieren. Mit Milch aufgekocht erzeugen Sie ein schönes Vanillearoma für einen Pudding. Da in der Schote der Anteil an Aromen am höchsten ist, kann sie, frisch oder getrocknet, auch zerkleinert und für Süßspeisen verwendet werden.

Pro Stück:
Energie: 139 kcal | Fett: 4 g | Kohlenhydrate: 21 g
Eiweiß: 4 g | Ballaststoffe: 1 g

Saftige Möhrenbrötchen

Für 20 Stück

1 Würfel frische Hefe oder
2 Pck. Trockenhefe
450 ml lauwarmes Wasser oder Buttermilch
2 ½ TL Jodsalz
1 EL Honig
500 g Weizenvollkornmehl
200 g Roggenvollkornmehl
500 g Möhren
3 EL Rosinen

1. Die Hefe in etwas Wasser auflösen und das restliche Wasser oder Buttermilch zufügen. Zunächst Salz und Honig zugeben, dann nach und nach das Mehl. Die Trockenhefe kann direkt mit dem Mehl zum Wasser gegeben werden. Mit den Knethaken der Küchenmaschine gut durchkneten. 15–20 Minuten gehen lassen.
2. Den Backofen auf 200 °C Ober-/Unterhitze vorheizen und die Möhren schälen, fein reiben und mit den Rosinen zum Teig geben.
3. Da der Teig sehr feucht ist, am besten in einer Muffin-Backform backen. Oder mit einem Löffel auf das Blech setzen. Noch einmal 10 Minuten gehen lassen und die Brötchen anschließend ca. 20 Minuten backen.

→ Variante

Statt der Rosinen können Sie getrocknete Aprikosen, gehackte Nüsse oder Sesamsamen zugeben.

Pro Stück:
Energie: 131 kcal | Fett: 1 g | Kohlenhydrate: 26 g
Eiweiß: 5 g | Ballaststoffe: 5 g

Früchtebrot mit Mandeln

Für 30 Scheiben

600 g säuerliche Äpfel (z.B. Boskoop)
100 g Zucker oder Honig
1 EL Zitronensaft
200 g gemischtes Trockenobst (z.B. Aprikosen, Pflaumen, Rosinen)
200 g Mandeln, ganz oder gehackt
400 g Weizenvollkornmehl
1 Pck. Backpulver
½ TL Zimt
1 Prise Nelken
100 ml Apfelsaft

1. Am Vortag die Äpfel waschen und grob raspeln, mit Zucker oder Honig und Zitronensaft vermischen und eine Nacht im Kühlschrank ziehen lassen.
2. Am nächsten Tag das Trockenobst klein schneiden und mit den weiteren Zutaten zu den Äpfeln geben. Alles sorgfältig vermischen.
3. Eine Kastenform mit Backpapier auslegen und den Teig hineingeben. Die Oberfläche mit nassen Händen glatt streichen.
4. Das Brot in den kalten Backofen schieben und auf der zweiten Schiene von unten bei 200 °C Ober-/Unterhitze 45–60 Minuten backen.

→ Wichtig
Die Äpfel sollten am Vorabend geraspelt werden!

→ Tipp
Das Früchtebrot lässt sich auch gut einfrieren. Am besten vorher in Scheiben schneiden, auftauen – schon hat man einen leckeren Snack für unterwegs.

 **Pro Scheibe:**
Energie: 124 kcal | Fett: 4 g | Kohlenhydrate: 18 g
Eiweiß: 4 g | Ballaststoffe: 4 g

Blitzbrot mit Kernen und Saaten

Für 20 Scheiben

1 Würfel frische Hefe oder
2 Pck. Trockenhefe ppp
500 ml lauwarmes Wasser
400 g Weizenvollkornmehl
100 g Buchweizenmehl
80 g Leinsamen
80 g Sesamsamen
80 g Sonnenblumenkerne
2 TL Jodsalz
2 EL Obstessig
1 EL Rapsöl

Zum Bestreuen:
Sesam- oder Leinsamen nach Belieben

1. Den Backofen auf 200 °C Ober-/Unterhitze vorheizen. Die Hefe im lauwarmen Wasser auflösen und mit den übrigen Zutaten kräftig durchkneten. Die Trockenhefe kann direkt mit den Zutaten gemischt werden.
2. Eine Kastenform einfetten und nach Belieben mit Sesam- oder Leinsamen ausstreuen. Den Teig hineinfüllen, 30 Minuten gehen lassen und im heißen Ofen ca. 60 Minuten backen.

→ Variante
Das Weizenvollkornmehl können Sie durch Dinkelvollkornmehl und das Buchweizenmehl durch Weizenmehl ersetzen.

Pro Scheibe:
Energie: 149 kcal | Fett: 6 g | Kohlenhydrate: 19 g
Eiweiß: 6 g | Ballaststoffe: 4 g

Würziger Basilikum-Tomaten-Aufstrich

Für 20 Portionen

50 g getrocknete Tomaten
½ Bund Basilikum
200 g Frischkäse
100 g Magerquark
Jodsalz
Pfeffer

1. Die Tomaten kurz mit kochendem Wasser überbrühen, damit sie weich werden. Basilikum und Tomaten fein hacken, mit den übrigen Zutaten verrühren und mit Salz und Pfeffer abschmecken.

→ Tipp

Mit Joghurt oder Sahne verdünnt eignet sich der Aufstrich auch als Dip und schmeckt köstlich zu Pellkartoffeln. Er hält sich im Kühlschrank einige Tage, lässt sich aber auch einfrieren.

Pro Portion:
Energie: 39 kcal | Fett: 3 g | Kohlenhydrate: 1 g
Eiweiß: 2 g | Ballaststoffe: 0 g

Schnelle Paprikacreme

Für 20 Portionen

1 gelbe Paprika
1 rote Paprika
100 g Frischkäse
100 g Magerquark
2 EL Ajvar (Paprika-Auberginen-Paste)
Jodsalz
Pfeffer

1. Die Paprikaschoten waschen, von Samen und Scheidewänden befreien und in kleine Würfel schneiden. Die übrigen Zutaten verrühren, Paprika zugeben und mit Salz und Pfeffer abschmecken.

Pro Portion:
Energie: 28 kcal | Fett: 2 g | Kohlenhydrate: 2 g
Eiweiß: 2 g | Ballaststoffe: 1 g

Apfel-Curry-Brotaufstrich

Für 20 Portionen

2 Äpfel (ca. 300 g)
etwas Zitronensaft
4 Frühlingszwiebeln
200 g Frischkäse
1 TL Currypulver
Pfeffer

1. Die Äpfel raspeln und mit Zitronensaft beträufeln. Die Frühlingszwiebeln putzen und in feine Ringe schneiden.
2. Beides mit dem Frischkäse vermischen und mit Curry, Zitronensaft und Pfeffer abschmecken.

Pro Portion:
Energie: 44 kcal | Fett: 3 g | Kohlenhydrate: 3 g
Eiweiß: 1 g | Ballaststoffe: 0 g

Möhren-Hummus

300 g Möhren
1 Zwiebel
1 EL Rapsöl
50 g Sonnenblumenkerne
ca. 260 g Kichererbsen (Dose)
3–4 getrocknete Datteln
1 kleine Knoblauchzehe
3 TL Zitronensaft
Jodsalz
Pfeffer

1. Möhren und Zwiebel schälen und klein schneiden. In Öl ca. 10 Minuten andünsten und beiseitestellen. Die Sonnenblumenkerne behutsam in einer Pfanne rösten und abkühlen lassen. Die Kichererbsen in ein Sieb geben und abspülen. Die Datteln klein schneiden. Den Knoblauch schälen und in grobe Stücke schneiden.
2. Die Möhren mit Zwiebeln, Sonnenblumenkernen, Kichererbsen, Datteln, Knoblauch und Zitronensaft pürieren. Mit Salz und Pfeffer würzen. Evtl. etwas Wasser zugeben, wenn die Masse zu fest ist.

→ Tipp

Das Möhren-Hummus hält sich im Kühlschrank einige Tage, eignet sich aber auch zum Einfrieren.

→ Variante

Der Aufstrich schmeckt auch gut mit frischem Ingwer. Anstatt der Datteln können Sie getrocknete Feigen oder Aprikosen verwenden. Wenn Sie die Feigen und Aprikosen in etwas warmem Wasser einweichen, lassen sie sich besser pürieren.

Energie: 42 kcal | Fett: 2 g | Kohlenhydrate: 5 g
Eiweiß: 2 g | Ballaststoffe: 1 g

Bohnen-Räuchertofu-Creme

150 g Kidneybohnen (Glas/Dose)
100 g Räuchertofu
30 g Zwiebel
1 EL Olivenöl
1 TL Majoran
1 TL Sojasoße
1 EL Petersilie
Salz
Pfeffer

1. Kidneybohnen abspülen und abtropfen lassen. Tofu und Zwiebel würfeln.
2. Öl in einer Pfanne erhitzen und Zwiebel und Tofu anschwitzen. Majoran zugeben und kurz anbraten, bis es duftet. Sojasoße und Petersilie hinzugeben.
3. Alle Zutaten in eine hohe Schüssel geben und pürieren. Mit Salz und Pfeffer abschmecken.

→ Tipp

Durch die Sojasoße wird weniger Salz benötigt! Für noch mehr Würze kann 1/2 TL Senf hinzugefügt werden.

Energie: 110 kcal | Fett: 5 g | Kohlenhydrate: 12 g
Eiweiß: 8 g | Ballaststoffe: 4 g

Nuss-Nougat-Creme

Für 20 Portionen

100 g gemahlene Nüsse (z.B. Haselnusskerne oder Mandeln)
100 g weiche Butter oder Margarine
2 EL Kakaopulver
1 EL Honig
1 Msp. Vanillepulver (→ Seite 98)

1. Die Nüsse behutsam ohne Fett in einer Pfanne rösten.
2. Die Butter oder Margarine schaumig rühren.
3. Nüsse, Kakao und Honig zufügen, mit Vanille abschmecken und die Creme gut vermischen.

→ Tipp

Die Creme hält sich im Kühlschrank einige Tage, eignet sich aber auch zum Einfrieren.

Pro Portion:

Energie: 75 kcal | Fett: 7 g | Kohlenhydrate: 1 g
Eiweiß: 1 g | Ballaststoffe: 1 g

Müslimischung

Grundrezept

Für 35 Portionen

500 g Getreideflocken (Weizen, Hafer, Gerste, Hirse)
100 g Sonnenblumenkerne
100 g Leinsamen
100 g Sesamsamen
150 g Rosinen
50 g Kürbiskerne

Außerdem:
gehackte Nüsse und/oder Kokosflocken nach Belieben

1. Alle Zutaten mischen und nach Belieben gehackte Nüsse und/oder Kokosflocken zufügen.
2. Das Müsli in eine Vorratsdose oder ein Schraubdeckelglas füllen.

Pro Portion:
Energie: 111 kcal | Fett: 4 g | Kohlenhydrate: 13 g
Eiweiß: 4 g | Ballaststoffe: 3 g

Knuspermüsli

Für 12 Portionen

200 g kernige Haferflocken
50 g Sonnenblumenkerne
50 g Kokosraspeln
50 g gehackte Mandeln
2 Msp. Zimt
2 Msp. Vanillepulver
(→ Seite 98)
2 EL Pflanzenöl
1 EL Honig
6 EL Rosinen

Außerdem:
saisonales Obst nach Belieben

1. Die Haferflocken mit Sonnenblumenkernen, Kokosraspeln und Mandeln mischen. Zimt und Vanille zufügen.
2. Öl und Honig in einer Pfanne erhitzen und kurz aufkochen. Die Flockenmischung hineingeben und schnell unterrühren, dann in ca. 5 Minuten goldgelb rösten. Die Rosinen zugeben und unterrühren; bei schwacher Hitze 5 Minuten mitrösten. Abkühlen lassen.
3. Das Müsli in einem Schraubdeckelglas aufbewahren und nach Belieben vor dem Verzehr noch Obst der Saison zugeben.

→ Tipp
Das Müsli hält sich im Schraubglas einige Wochen.

Pro Portion:
Energie: 173 kcal | Fett: 9 g | Kohlenhydrate: 18 g
Eiweiß: 5 g | Ballaststoffe: 3 g

Salate und Suppen

Eisbergsalat mit Orangen

½ Eisbergsalat
2 Orangen

Für die Marinade:
100 ml Sahne
Saft von ½ Zitrone
Jodsalz
Pfeffer

Außerdem:
1 EL Sonnenblumenkerne zum Bestreuen

1. Den Salat waschen und in feine Streifen schneiden. Die Orangen in kleine Stücke schneiden.
2. Aus Sahne, Zitronensaft, Salz und Pfeffer eine Marinade zubereiten und mit dem Eisbergsalat und den Orangen vermischen.
3. Die Sonnenblumenkerne ohne Fett in einer Pfanne rösten und den Salat damit bestreuen.

→ Variante

Statt Eisbergsalat können Sie auch Feld- oder Endiviensalat verwenden.

Energie: 116 kcal | Fett: 8 g | Kohlenhydrate: 8 g
Eiweiß: 2 g | Ballaststoffe: 2 g

Möhren-Apfel-Rohkost mit Joghurt

1 Zitrone
1 EL Honig
4 Möhren
4 saure Äpfel (z.B. Boskoop)
250 g Joghurt oder Dickmilch, 1,5 % Fett
Jodsalz
Pfeffer

1. Die Zitrone auspressen und den Saft mit dem Honig verrühren.
2. Die Möhren schälen, die Äpfel gründlich waschen, beides grob raspeln und unter den Zitronensaft mischen.
3. Den Joghurt oder die Dickmilch über den Salat gießen und alles mit Salz und Pfeffer abschmecken.

Energie: 154 kcal | Fett: 1 g | Kohlenhydrate: 30 g
Eiweiß: 4 g | Ballaststoffe: 5 g

Rote-Bete-Salat

500 g Rote Bete, frisch oder vakuumiert
3 säuerliche Äpfel (z.B. Boskoop)
1 EL Zitronensaft
150 g Joghurt, 1,5 % Fett
Jodsalz

Außerdem:
1 EL Sonnenblumenkerne oder Haselnusskerne zum Bestreuen

1. Die Rote Bete waschen und ca. 45 Minuten bei schwacher Hitze in einem großen Topf garen. Schälen und in kleine Würfel schneiden. Die vorgegarte, vakuumierte Rote Bete kann sofort verwendet werden.
2. Die Äpfel waschen und raspeln, mit Zitronensaft beträufeln. Dann mit Joghurt und Roter Bete vermischen und nach Geschmack mit Salz würzen.
3. Die Sonnenblumenkerne oder Haselnüsse grob hacken und über den Salat streuen.

Energie: 128 kcal | Fett: 1 g | Kohlenhydrate: 26 g
Eiweiß: 4 g | Ballaststoffe: 5 g

Chinakohlsalat mit Kichererbsen

½ Chinakohl
1 kleine Zwiebel
2 kleine Orangen
100 g Weintrauben (alternativ 50 g Rosinen)
150 g Kichererbsen (Dose)

Für das Dressing:
3 EL Rapsöl
2 EL weißer Balsamico oder Obstessig
Jodsalz
Pfeffer

1. Den Chinakohl putzen und in feine Streifen schneiden, anschließend waschen und abtropfen lassen. Die Zwiebel schälen und klein schneiden. 1 ½ Orangen filetieren, aus der verbliebenen Hälfte den Saft auspressen und für das Dressing aufbewahren. Die Weintrauben halbieren. Bei der Verwendung von Rosinen können diese in den Orangensaft eingelegt werden.
2. Aus Öl, Essig, Salz, Pfeffer und Orangensaft ein Dressing anrühren. Chinakohl, Zwiebeln, Orangenfilets, Weintrauben und Kichererbsen mit dem Dressing mischen.

→ Variante
Statt Weintrauben können Sie auch getrocknete Datteln oder Feigen oder einen Apfel verwenden.

→ Tipp
Der Rest des Chinakohls kann leicht gedünstet am nächsten Tag als Gemüsebeilage dienen.

Energie: 137 kcal | Fett: 8 g | Kohlenhydrate: 13 g
Eiweiß: 3 g | Ballaststoffe: 4 g

Saisonale Rohkostplatte

Im Sommer:

1 Kopfsalat
1 Lollo rosso
½ Gurke
1 kleine rote Paprika
1 kleine gelbe Paprika
2 Tomaten
1 Zucchini

Im Winter:

1 Rote Bete, frisch oder vakuumiert

100 g Feldsalat

½ Endiviensalat

2 Möhren100 g Staudensellerie

1. Bei den Salaten die groben Blattrippen entfernen und die Blätter abspülen. Die anderen Zutaten waschen und putzen und ggf. schälen und von Strunk, Samen und Scheidewänden befreien. Gurke in Scheiben und Paprika in Würfel schneiden. Die Tomaten achteln. Zucchini, Möhren und Sellerie grob oder fein raspeln.
2. Die Rote Bete waschen und ca. 45 Minuten bei schwacher Hitze in einem großen Topf garen, anschließend schälen. Vorgekochte Rote Bete muss nicht gekocht und geschält werden. In kleine Würfel oder dünne Scheiben schneiden.
3. Den grünen Salat auf einer Servierplatte anrichten und die anderen Zutaten darauf in Streifen oder bunt vermischt verteilen.

→ Tipp

Dazu passen Joghurtsoße mit frischen Kräutern oder eine fruchtige Vinaigrette (→ Seite 120/121). Einfach darüberträufeln – fertig!

Sommer:
Energie: 52 kcal | Fett: 1 g | Kohlenhydrate: 8 g
Eiweiß: 3 g | Ballaststoffe: 5 g
Winter:
Energie: 45 kcal | Fett: 0 g | Kohlenhydrate: 7 g
Eiweiß: 2 g | Ballaststoffe:4 g

Bunter Bohnensalat mit Schafskäse

700 g Rohkost nach Jahreszeit (z.B. ½ Gurke, 2 Tomaten, 1 Paprika, ½ Eisbergsalat)
1 Zwiebel
100 g Schafskäse
200 g gekochte Bohnen (z.B. Kidneybohnen, weiße Bohnen, Glas/Dose)

Für die Marinade:
2 EL Olivenöl
2 EL Obstessig oder weißer Balsamico
Paprikapulver
Pfeffer
Jodsalz

1. Die Rohkost waschen und putzen, ggf. schälen und klein schneiden. Falls Salat verwendet wird, die Blattrippen entfernen und die Blätter klein zupfen. Die Zwiebel in feine Ringe, den Schafskäse in Würfel schneiden.
2. Aus Öl und Essig eine Marinade bereiten, mit Paprika, Pfeffer und Salz würzen.
3. Eine Servierschale mit Eisbergsalat füllen, falls verwendet. Die Rohkost mit Bohnen, Zwiebeln, Schafskäse und Marinade mischen und auf dem Salat anrichten.

→ Tipp
Dazu passen Bratlinge, panierter Tofu oder auch Weizenbrötchen (→ Seite 155, 145, 97).

Energie: 206 kcal | Fett: 12 g | Kohlenhydrate: 14 g
Eiweiß: 10 g | Ballaststoffe: 5 g

Couscoussalat mit Tomaten

250 g Couscous
250 ml Gemüsebrühe
1 Bund glatte Petersilie
3 Frühlingszwiebeln
¾ Gurke
3 Tomaten
Jodsalz

Für das Dressing:
1 Bio-Zitrone
6 EL Olivenöl
Pfeffer

1. Den Couscous mit heißer Gemüsebrühe übergießen und 10 Minuten quellen lassen.
2. Die Blätter der Petersilie abzupfen, abbrausen, trocken tupfen und fein schneiden. Frühlingszwiebeln, Gurke und Tomaten waschen und in Ringe und Würfel schneiden.
3. Die Zitrone waschen, etwas Schale abreiben und den Saft auspressen. Aus Zitronensaft und -abrieb und Olivenöl ein Dressing herstellen und mit Pfeffer abschmecken.
4. Couscous mit Petersilie und allen übrigen Zutaten vermischen und mit Dressing übergießen. Zum Schluss mit Salz abschmecken.

Energie: 436 kcal | Fett: 20 g | Kohlenhydrate: 56 g
Eiweiß: 9 g | Ballaststoffe: 7 g

Joghurtsoße mit Kräutern

3 EL frische oder TK-Kräuter (z.B. Petersilie, Schnittlauch, Dill, Zitronenmelisse, Kerbel, Liebstöckel)
150 g Joghurt, 1,5 % Fett
2 EL Magerquark
1 TL Senf
1 EL Zitronensaft
Jodsalz
Pfeffer

1. Frische Kräuter abbrausen, trocken tupfen und fein hacken. Joghurt und Magerquark zu einer sämigen Soße glatt rühren. Senf, Zitronensaft und Kräuter zugeben und mit Salz und Pfeffer abschmecken.

Energie: 28 kcal | Fett: 1 g | Kohlenhydrate: 2 g
Eiweiß: 3 g | Ballaststoffe: 0 g

Joghurtsoße mit Tahini und Zitrone

3–4 Stängel Petersilie
200 g Joghurt, 1,5 % Fett
2 EL Zitronensaft
2 EL Olivenöl
2 EL Tahini (Sesammus)
Jodsalz
Pfeffer
gemahlener Kreuzkümmel nach Belieben

1. Die Petersilie abbrausen, trocken tupfen und fein hacken. Joghurt mit Zitronensaft, Öl und Tahini glatt rühren. Petersilie zufügen und mit Salz, Pfeffer und nach Belieben Kreuzkümmel abschmecken.

Energie: 100 kcal | Fett: 8 g | Kohlenhydrate: 4 g
Eiweiß: 3 g | Ballaststoffe: 0 g

Kräutervinaigrette

1 Knoblauchzehe nach Belieben
2 EL frische oder TK-Kräuter (z.B. Schnittlauch, Petersilie, Dill, Zitronenmelisse)
2 EL Raps- oder Olivenöl
1 EL Obstessig oder weißer Balsamico
1½ TL Senf
Jodsalz
Pfeffer

1. Den Knoblauch schälen und zerdrücken. Frische Kräuter abbrausen, trocken tupfen und fein hacken. Knoblauch und Kräuter mit den weiteren Zutaten gut verrühren oder in ein leeres Schraubdeckelglas füllen und schütteln.

→ Tipp

Falls vom Dressing etwas übrig bleibt, hält es sich im Schraubglas 1–2 Tage.

Energie: 46 kcal | Fett: 5 g | Kohlenhydrate: 0 g
Eiweiß: 0 g | Ballaststoffe: 0 g

Fruchtige Vinaigrette

50 ml Apfel- oder Orangensaft
3 EL Rapsöl
3 EL Essig (z.B. dunkler oder weißer Balsamico)
1 TL Senf
Jodsalz
Pfeffer

1. Alle Zutaten verrühren oder in ein leeres Schraubdeckelglas füllen und schütteln.

→ Tipp

Besonders fruchtig schmeckt die Vinaigrette, wenn der Orangensaft frisch gepresst ist. Bei der Verwendung von Apfelsaft passt ein dunkler Balsamico und bei Orangensaft ein weißer Balsamico gut, dann bleibt die orangene Farbe erhalten.

Energie: 41 kcal | Fett: 4 g | Kohlenhydrate: 1 g
Eiweiß: 0 g | Ballaststoffe: 0 g

Omas Lieblingssuppe mit Grießklößchen

500 g Suppenfleisch vom Rind
Jodsalz
Pfeffer
1 Lorbeerblatt
1 Bund Suppengemüse
2 EL weiche Butter oder Margarine
1 Ei
5–6 EL Vollkorngrieß
100 g TK-Erbsen

Außerdem:
½ Bund Petersilie oder Schnittlauch zum Garnieren

1. Das Rindfleisch in 2 l Wasser mit Salz, Pfeffer und Lorbeerblatt 45–60 Minuten garen.
2. Die Butter oder Margarine mit einem Schneebesen schaumig rühren. Dann Ei und Grieß unterrühren und etwas Salz zugeben. Mit einem Teelöffel kleine Kugeln aus der Masse abstechen und mit den Händen zu Klößchen formen.
3. Das Fleisch aus der Brühe nehmen und in kleine Stücke schneiden. Anschließend das geputzte und klein geschnittene Suppengemüse und die Erbsen ca. 15 Minuten in der Brühe garen. Dann die Grießklößchen zugeben und 10–15 Minuten in der Brühe ziehen lassen (nicht kochen!). Zum Schluss das Fleisch wieder zufügen. Mit Salz und Pfeffer abschmecken. Das Lorbeerblatt entfernen.
4. Zum Schluss mit gewaschener Petersilie garnieren.

→ Tipp

Bereiten Sie einfach die doppelte Menge zu und frieren die Hälfte der Suppe ein, dann allerdings ohne Griesklößchen.

→ Variante

Sie können statt Rindfleisch auch Räuchertofu verwenden. Den Tofublock in kleine Würfel schneiden, anbraten und zum Schluss zur Suppe geben. Den Fleischsud können Sie durch 2 l Gemüsebrühe ersetzen.

Energie: 363 kcal | Fett: 17 g | Kohlenhydrate: 20 g
Eiweiß: 33 g | Ballaststoffe: 6 g

Eintopf mit Hülsenfrüchten

Grundrezept

250 g getrocknete Hülsenfrüchte (z.B. Bohnen, Linsen oder Erbsen)
2 Lorbeerblätter
500 g Gemüse (z.B. Suppengemüse wie Sellerie, Lauch, Kohlrabi, Pastinake, Möhren oder Petersilienwurzel)
1 l Gemüsebrühe
Jodsalz
Pfeffer
etwas Essig
1 Bund Petersilie
1 Bund Schnittlauch

1. Die Trockenhülsenfrüchte in 1 l Wasser in einem großen Topf einweichen, am besten über Nacht. Das Einweichwasser abgießen.
2. Die Hülsenfrüchte mit den Lorbeerblättern in frischem Wasser 60–70 Minuten kochen. Alternativ können Sie die Hülsenfrüchte kurz aufkochen und dann ca. 1 Stunde quellen lassen.
3. In der Zwischenzeit das Gemüse waschen, putzen und klein schneiden. Nach ca. 40 Minuten zu den Hülsenfrüchten geben und 20 Minuten mitköcheln lassen.
4. Mit der Gemüsebrühe aufgießen und mit Salz, Pfeffer und Essig abschmecken. Die Lorbeerblätter entfernen.
5. Petersilie und Schnittlauch abbrausen, trocken tupfen, klein schneiden und in den Eintopf streuen.

→ Tipp

Wenn es einmal schnell gehen muss, kaufen Sie bereits eingeweichte Hülsenfrüchte in einer Konserve (z.B. Kidney- oder weiße Bohnen). Geschälte Hülsenfrüchte wie beispielsweise Erbsen müssen nicht eingeweicht, sondern können sofort gegart werden. Kleine Bohnen benötigen je nach Sorte nur ca. 30 Minuten Garzeit.

Energie: 205 kcal | Fett: 2 g | Kohlenhydrate: 30 g
Eiweiß: 16 g | Ballaststoffe: 19 g

Gemüsesuppe

Grundrezept

600 g Gemüse (z.B. Blumenkohl, Brokkoli, Möhren, Zucchini, Kohlrabi, Spargel)
1 Zwiebel oder Lauch
¼ Knollensellerie
1 EL Rapsöl
750 ml Gemüsebrühe
Jodsalz
Pfeffer
geriebene Muskatnuss
100 ml Sahne

Außerdem:
½ Bund Schnittlauch oder Petersilie zum Garnieren
4 Scheiben Vollkornbrot
1 EL Rapsöl

1. Das Gemüse je nach Sorte teilen oder schälen, waschen und schneiden. Die Zwiebel schälen und würfeln oder den Lauch putzen, waschen und klein schneiden. Den Sellerie schälen und klein schneiden.
2. Zwiebel oder Lauch und Sellerie in Öl anbraten. Dann das weitere Gemüse und die Brühe zugeben. Mit Salz, Pfeffer und Muskat würzen.
3. Die Suppe mit Deckel ca. 15 Minuten kochen, dann die Sahne zugeben. Die Suppe im Mixer oder mit dem Pürierstab pürieren.
4. Schnittlauch oder Petersilie abbrausen, trocken tupfen und klein schneiden und die Suppe damit garnieren. Das Brot würfeln, in Öl rösten und zur Suppe reichen.

Energie: 276 kcal | Fett: 14 g | Kohlenhydrate: 28 g
Eiweiß: 9 g | Ballaststoffe: 11 g

Gelbe Linsensuppe

3 Zwiebeln
2–3 Möhren
2–3 Kartoffeln
1 TL gemahlene Kurkuma
2 TL Öl
750 ml Gemüsebrühe
150 g gelbe Linsen
1 EL Tomatenmark
1 EL Olivenöl
1 Stängel Minze oder 2 EL getrocknete Minze
Saft einer ½ Zitrone
Jodsalz
Pfeffer

1. Zwiebeln, Möhren und Kartoffeln schälen und klein schneiden.
2. Kurkuma in Öl kurz anbraten, dann Zwiebeln, Möhren und nach und nach die Kartoffeln zugeben, mit Gemüsebrühe auffüllen. Nach 10 Minuten die Linsen zufügen und alles noch ca. 15 Minuten köcheln lassen.
3. In der Zwischenzeit das Tomatenmark in Öl kurz anbraten und zufügen.
4. Die Minze abbrausen und trocken tupfen. Die Blätter abzupfen, klein schneiden und zur Suppe geben. Mit Zitronensaft, Salz und Pfeffer abschmecken und servieren.

→ Tipp

Nicht verwendete frische Minze schmeckt köstlich als Tee oder kann, wenn sie geschnitten ist, gut eingefroren werden.

Energie: 224 kcal | Fett: 5 g | Kohlenhydrate: 32 g
Eiweiß: 12 g | Ballaststoffe: 10 g

Fruchtige Tomatensuppe

400 g Tomaten
2 Zwiebeln
1 EL Rapsöl
1 EL Tomatenmark
300 ml Gemüsebrühe
½ TL fein gehackter Rosmarin
½ TL fein gehackter Thymian
1 Knoblauchzehe
Jodsalz
Pfeffer
4 EL Sahne

Außerdem:
3 EL geriebener Parmesan zum Bestreuen

1. Die Tomaten kurz mit kochendem Wasser abbrühen, enthäuten und würfeln. Die Zwiebeln schälen, fein hacken und in Öl glasig dünsten. Tomaten und Tomatenmark zugeben und mitdünsten.
2. Gemüsebrühe und Kräuter zufügen, den Knoblauch schälen und dazu pressen. Alles 10 Minuten garen. Mit Salz und Pfeffer abschmecken.
3. Vor dem Servieren die Sahne unterrühren und die Suppe mit Parmesan bestreut servieren.

Energie: 84 kcal | Fett: 7 g | Kohlenhydrate: 4 g
Eiweiß: 2 g | Ballaststoffe: 1 g

Pastinaken-Kartoffel-Süppchen

1 Lauch
400 g mehlig kochende Kartoffeln
400 g Pastinaken
1 Knoblauchzehe
2 EL Rapsöl
1 TL Currypulver
1 l Gemüsebrühe + ggf. etwas mehr
100 ml Milch, 1,5 % Fett
100 ml Sahne
Jodsalz
Pfeffer
geriebene Muskatnuss

Außerdem:
1 Bund Kräuter (z.B. Basilikum, Schnittlauch) zum Garnieren

1. Den Lauch putzen, waschen und in feine Ringe schneiden. Kartoffeln und Pastinaken schälen, waschen und grob würfeln. Den Knoblauch schälen und fein hacken.
2. Das Öl in einem großen Topf erhitzen und das Currypulver kurz darin rösten. Dann Lauch, Kartoffeln, Pastinaken und Knoblauch zugeben und unter Rühren andünsten. Mit Gemüsebrühe auffüllen. Bei mittlerer Hitze ca. 20 Minuten kochen lassen.
3. Milch und Sahne zugeben und die Suppe erneut 5–6 Minuten kochen lassen.
4. Die Suppe mit einem Pürierstab fein pürieren und mit Salz, Pfeffer und Muskat abschmecken. Wenn sie zu dickflüssig ist, noch etwas Gemüsebrühe zugeben.
5. Die Kräuter abbrausen, trocken tupfen und hacken. Die Suppe mit Kräutern garniert servieren.

→ Tipp
Dazu schmecken geröstete Brotstückchen, Sonnenblumenkerne oder Sesamsamen.

→ Variante
Falls keine Pastinaken im Haus sind, können Sie einfach die doppelte Menge Kartoffeln verwenden.

Energie: 263 kcal | Fett: 14 g | Kohlenhydrate: 28 g
Eiweiß: 6 g | Ballaststoffe: 3 g

Cremige Kürbissuppe

400 g Hokkaido-Kürbis
2 Möhren
2 Kartoffeln
1 Lauch
2 EL Rapsöl
1 l Gemüsebrühe
100 g Crème fraîche
Jodsalz
Pfeffer

Außerdem:
2 EL Kürbiskerne zum Garnieren

1. Den Kürbis waschen und in Spalten schneiden, dabei die Kerne entfernen. Dann die Spalten in Würfel schneiden. Möhren und Kartoffeln schälen und klein schneiden, Lauch putzen, waschen und in feine Streifen schneiden.
2. Das Rapsöl in einem Topf erhitzen und nach und nach Kürbis, Möhren, Kartoffeln und Lauch zufügen. Mit Gemüsebrühe ablöschen und ca. 20 Minuten köcheln lassen.
3. Anschließend die Suppe mit dem Pürierstab pürieren und mit Crème fraîche, Salz und Pfeffer abschmecken.
4. Die Kürbiskerne kurz ohne Fett in einer Pfanne rösten und auf die Suppe streuen.

→ Tipp
Für eine Kürbissuppe können Sie verschiedene Kürbisarten verwenden. Hokkaido-Kürbis wird mit der Schale gegart. Bei anderen Kürbisarten, wie zum Beispiel Butternut, wird die Schale vor dem Kochen entfernt. Ist der gekaufte Kürbis etwas größer, können Sie das Fruchtfleisch in Würfeln gut einfrieren.

Energie: 238 kcal | Fett: 16 g | Kohlenhydrate: 18 g
Eiweiß: 7 g | Ballaststoffe: 5 g

Weißer Bohneneintopf aus dem Ofen

Für 6 Portionen

500 g weiße getrocknete Bohnen
6 Zwiebeln
1 ½ rote Paprika
5 Knoblauchzehen
2 EL Rapsöl
3 Lorbeerblätter
1 TL getrockneter Rosmarin
Jodsalz
Cayennepfeffer
300 g Crème fraîche
4 EL Tomatenmark

1. Die getrockneten Bohnen über Nacht in 2 l Wasser einweichen und anschließend im Einweichwasser mit Deckel 1 Stunde bei schwacher Hitze garen.
2. Zwiebeln schälen und in Längsspalten schneiden, Paprika waschen, von Samen und Scheidewänden befreien und in Streifen schneiden, Knoblauch schälen und zerdrücken.
3. Das Öl in einem großen ofenfesten Topf erhitzen, die Zwiebel- und Paprikastreifen, die Lorbeerblätter und den Knoblauch zugeben und andünsten. Mit Rosmarin, Salz und Cayennepfeffer kräftig würzen. Die Bohnen mit dem Wasser zufügen. Crème fraîche und Tomatenmark unterrühren, dann den Topf auf die unterste Schiene stellen und bei 175 °C Umluft 90 Minuten garen. Vor dem Servieren die Lorbeerblätter entfernen.

→ Tipp

Da dieses Rezept ein wenig zeitaufwendiger ist, haben wir die Menge großzügig bemessen. Von diesem Eintopf können Sie gut Portionen einfrieren. Wenn es einmal schnell gehen muss, können Sie auch Bohnen aus dem Glas oder der Dose verwenden. Dann benötigen Sie 1.250 g.

 **Pro Portion:**

Energie: 424 kcal | Fett: 19 g | Kohlenhydrate: 47 g
Eiweiß: 15 g | Ballaststoffe: 24 g

Hauptgerichte

Würzige Paprikafrikadellen

Für 8 Stück

2 pro Portion
½ gelbe Paprika
½ rote Paprika
2 Zwiebeln
400 g Hackfleisch
1 Ei
1 altbackenes Brötchen oder 50 g Paniermehl
1 TL Senf
Jodsalz
Pfeffer
Paprikapulver
getrockneter Oregano nach Belieben
2 EL Rapsöl

1. Die Paprika waschen und von Samen und Scheidewänden befreien, die Zwiebeln schälen. Beides in sehr kleine Würfel schneiden und mit den übrigen Zutaten (bis auf das Rapsöl) zu einem glatten Teig verarbeiten.
2. Mit feuchten Händen acht kleine Bällchen formen und im heißen Öl von jeder Seite ca. 5 Minuten braten.

→ Variante

Das Hackfleisch kann durch vegane Alternativen wie Sonnenblumenhack ausgetauscht werden. Auf der Verpackung steht in der Regel, welche Fleischmenge das pflanzliche Produkt ersetzt.

→ Tipp

Zu den Frikadellen passen Naturreis, Backofenkartoffeln oder Süßkartoffelstampf und ein Salat.

Energie: 340 kcal | Fett: 21 g | Kohlenhydrate: 14 g
Eiweiß: 25 g | Ballaststoffe: 3 g

Polenta mit Pilzsoße

Für 6 Portionen

Für die Polenta:
350 ml Milch, 1,5 % Fett
450 ml Gemüsebrühe
½ TL Jodsalz
geriebene Muskatnuss
2 EL Butter oder Margarine
150 g Maisgrieß

Für die Pilzsoße:
4 Zwiebeln
500 g Champignons, Austernseitlinge oder Kräuterseitlinge
1 TL Rapsöl
2 EL Vollkornmehl
100 g Sahne oder Crème fraîche
100 ml Gemüsebrühe
Jodsalz
Pfeffer
getrockneter Thymian oder Oregano

Außerdem:
½ Bund Schnittlauch zum Garnieren

1. Für die Soße die Zwiebeln schälen und würfeln, die Pilze putzen und in Scheiben schneiden. Zwiebeln in Öl anbraten, Pilze zugeben und kurz mitbraten.
2. Für die Polenta in der Zwischenzeit Milch, Gemüsebrühe, Salz, Muskat und Butter oder Margarine aufkochen lassen. Den Topf vom Herd nehmen und den Maisgrieß mit einem Schneebesen einrühren. Bei schwacher Hitze ca. 5 Minuten unter häufigem Rühren quellen lassen.
3. Zwiebeln und Pilze mit dem Mehl bestäuben, Sahne oder Crème fraîche und Gemüsebrühe zugeben und alles ca. 10 Minuten bei schwacher Hitze garen. Die Soße mit Salz, Pfeffer und Thymian oder Oregano abschmecken.
4. Den Schnittlauch abbrausen, trocken tupfen und fein hacken. Die Polenta anrichten und mit der Pilzsoße und Schnittlauch bestreut servieren.

→ Tipp

Alternativ können Sie den frischen Maisbrei in eine gefettete Kastenform füllen oder auf ein gefettetes Backblech streichen. Mit einem nassen Löffel die Oberfläche glatt streichen und die Polenta erkalten lassen, anschließend in Scheiben oder Stücke schneiden. In der Pfanne gebraten, schmeckt die Polenta zu vielen Soßen.

Energie: 231 kcal | Fett: 11 g | Kohlenhydrate: 26 g
Eiweiß: 8 g | Ballaststoffe: 3 g

Curry-Blumenkohl mit bunter Hirse

2 Möhren
3 Frühlingszwiebeln
1 Blumenkohl
1 EL Rapsöl
300 g Hirse
600 ml Gemüsebrühe
200 g TK-Erbsen
Jodsalz
Pfeffer
1 TL Currypulver
2 EL Sesamsamen
2 EL Butter oder Margarine

1. Die Möhren putzen und klein würfeln, die Frühlingszwiebeln putzen und in Ringe schneiden. Den Blumenkohl in Röschen teilen und in Salzwasser in 10–15 Minuten bissfest garen.
2. Möhren und Frühlingszwiebeln in Öl kurz andünsten, die Hirse zugeben und 2–3 Minuten mitdünsten. Dann die Gemüsebrühe zugeben und alles ca. 10 Minuten köcheln. Kurz vor Ende der Garzeit die Erbsen zufügen. Mit Salz und Pfeffer würzen.
3. Curry und Sesam in einem Topf in der Butter oder Margarine kurz rösten und die gegarten Blumenkohlröschen darin schwenken.
4. Den Blumenkohl auf der bunten Hirsemischung anrichten.

Energie: 453 kcal | Fett: 12 g | Kohlenhydrate: 68 g
Eiweiß: 18 g | Ballaststoffe: 13 g

Nudel-Gemüse-Auflauf

Grundrezept

400 g Vollkornnudeln (z.B. Penne, Farfalle, Fusilli)
800 g Gemüse (z.B. Fenchel und Tomaten, Zucchini und Möhren, Tomaten und Champignons)
1 Zwiebel
1 EL Olivenöl
Salz
Pfeffer

Für die Soße:
2 Eier
200 g saure Sahne
125 ml Milch, 1,5 % Fett
getrockneter Thymian, getrockneter Oregano oder getrocknete Kräuter der Provence
Jodsalz
Pfeffer
100 g geriebener Käse (z.B. Emmentaler, Gouda, Mozzarella)

1. Die Nudeln in reichlich Salzwasser bissfest garen und nach dem Abschütten mit kaltem Wasser übergießen, damit sie nicht kleben.
2. Das Gemüse waschen und putzen und in mundgerechte Stücke schneiden oder teilen. Die Zwiebel schälen, klein schneiden und in Öl andünsten, dann das Gemüse zufügen und ca. 10 Minuten mitdünsten.
3. Die Nudeln in eine Auflaufform geben und das Gemüse darüberschichten.
4. Für die Soße die Eier mit saurer Sahne, Milch, Kräutern, Salz und Pfeffer verrühren. Die Soße über die Nudel-Gemüse-Mischung geben und den Auflauf mit Käse bestreuen. 20–30 Minuten bei 180 °C Umluft backen.

Energie: 628 kcal | Fett: 25 g | Kohlenhydrate: 70 g
Eiweiß: 29 g | Ballaststoffe: 15 g

Gemüseauflauf

Grundrezept

1 kg Kartoffeln
1 kg Gemüse (z.B. Blumenkohl und Tomaten, Brokkoli und Möhren, Pastinaken mit Möhren und Kohlrabi, Zwiebel nach Belieben)
1–2 EL Rapsöl
Jodsalz
Pfeffer

Für die Soße:
2 EL Vollkornmehl
250 ml kalte Milch, 1,5 % Fett
Schnittlauch
Jodsalz
Pfeffer
geriebene Muskatnuss

Außerdem:
6 EL geriebener Käse zum Bestreuen
4 EL Sesamsamen, Sonnenblumenkerne oder gehobelte Mandeln zum Bestreuen

1. Die Kartoffeln mit Schale kochen, pellen, in Scheiben schneiden und in eine Auflaufform setzen. Das Gemüse je nach Auswahl waschen, putzen und in mundgerechte Stücke schneiden oder teilen. Bei der Verwendung von Zwiebeln diese schälen, hacken und zuerst in Öl andünsten, dann das geschnittene Gemüse zufügen und ca. 10 Minuten dünsten. Wird Blumenkohl verwendet, diesen erst in Salzwasser bissfest garen. Das Gemüse mit Salz und Pfeffer abschmecken.
2. Für die Soße das Mehl in einem Topf mit Milch verquirlen, 4–5 Minuten köcheln lassen und mit den Gewürzen abschmecken.
3. Das Gemüse auf die Kartoffeln geben und Soße darübergießen. Mit Käse und Samen, Körnern oder Mandeln bestreuen und 20–30 Minuten bei 180 °C Umluft backen.

→ Tipp
Damit beim Andünsten des Gemüses nichts anbrennt, können Sie je nach Gemüseart noch etwas Wasser zufügen.

Energie: 396 kcal | Fett: 13 g | Kohlenhydrate: 52 g
Eiweiß: 16 g | Ballaststoffe: 9 g

Gemüsequiche

Grundrezept

Für 6 Portionen

Für den Mürbeteig:
200 g Weizenvollkornmehl
1 Ei
150 g Butter oder Margarine
½ TL Jodsalz

Für den Belag:
250 g Kartoffeln oder Süßkartoffeln
1 Zwiebel
500 g Gemüse (z.B. Wirsing, Brokkoli, Fenchel, Spitzkohl)
2 EL Rapsöl
1 EL saure Sahne
Jodsalz, Pfeffer
geriebene Muskatnuss

Für die Soße:
150 g Joghurt, 1,5 % Fett
3–4 EL Milch, 1,5 % Fett

Außerdem:
100 g geriebener Käse zum Bestreuen

1. Aus Mehl, Ei, Butter oder Margarine und Salz einen Mürbeteig kneten und kalt stellen.
2. Kartoffeln mit der Schale kochen und anschließend pellen und in Scheiben schneiden. Bei Verwendung von Süßkartoffeln diese schälen und würfeln. Sie werden später mit dem Gemüse gedünstet. Zwiebel schälen und klein schneiden. Das Gemüse putzen, waschen und klein schneiden.
3. Die Zwiebelwürfel im heißen Öl andünsten und dann das Gemüse, evtl. mit den Süßkartoffeln, zugeben. Falls nötig, etwas Wasser zufügen, damit nichts anbrennt. Das Gemüse ca. 15 Minuten dünsten, dann mit saurer Sahne, Salz, Pfeffer und Muskat abschmecken.
4. Den Teig ausrollen oder einfach in eine Springform drücken, das Gemüse darauf verteilen und die Kartoffeln obenauflegen.
5. Für die Soße Joghurt und Milch mischen und über die Quiche gießen, zum Schluss alles mit Käse bestreuen. Die Quiche 30–35 Minuten bei 180 °C Umluft backen.

→ Variante

Quark-Öl-Teig ist eine schnelle Alternative zu Mürbeteig, da er keine Kühlzeit braucht. Hierfür 1 Ei, 100 g Magerquark, 200 g Weizenvollkornmehl, 2 TL Backpulver, 50 ml Rapsöl und ½ TL Jodsalz zu einem geschmeidigen Teig verarbeiten.

Energie: 447 kcal | Fett: 31 g | Kohlenhydrate: 31 g
Eiweiß: 12 g | Ballaststoffe: 6 g

Ofenkartoffeln mit Kräuterdip

Für die Ofenkartoffeln:
700 g Kartoffeln
2 EL Rapsöl
Kräutersalz
Sesamsamen nach Belieben
getrockneter Rosmarin nach Belieben

Für den Dip:
150 g Joghurt, 1,5 % Fett
125 g Magerquark
1 Bund Petersilie
1 Bund Schnittlauch
Jodsalz
Pfeffer
Paprikapulver

1. Die Kartoffeln schälen, halbieren und mit der Schnittfläche nach unten auf ein mit Backpapier ausgelegtes Blech setzen. Das Öl darüberträufeln und mit Salz würzen. Nach Wunsch mit Sesamsamen oder Rosmarin bestreuen und ca. 30 Minuten bei 180 °C Umluft backen.
2. Für den Dip in der Zwischenzeit Joghurt und Quark verrühren. Petersilie und Schnittlauch abbrausen, trocken tupfen, klein schneiden und unter die Joghurt-Quark-Masse rühren. Mit Salz, Pfeffer und Paprika abschmecken.
3. Die Ofenkartoffeln anrichten und mit dem Dip servieren.

→ Variante
Wenn Sie die Kartoffeln in Stifte schneiden und etwas großzügiger mit Paprika würzen, können Sie sie als Pommes anbieten.

→ Tipp
Dazu passen Rohkoststicks, z. B. Paprikastreifen, oder ein grüner Salat.

Energie: 219 kcal | Fett: 6 g | Kohlenhydrate: 31 g
Eiweiß: 10 g | Ballaststoffe: 3 g

Bärenstarke Wraps

4 Tortilla-Wraps

Für den Belag
(Beispiele):
einige Blätter Endivien- oder Eisbergsalat oder Rucola
2–3 EL Basilikum-Tomaten-Aufstrich (→ Seite 103) oder Möhren-Hummus (→ Seite 105)
2–3 Tomaten, in Scheiben
½ Salatgurke, in Scheiben
½ Paprika, in dünnen Streifen
2–3 Radieschen, in dünnen Scheiben
2–3 EL Mais
2 Scheiben Bratenaufschnitt (z.B. Hähnchenbrust oder Schwein)
2–3 EL geriebener Käse

1. Die gekauften Teigfladen (Tortillas) kurz im Backofen erhitzen, dann nach Lust und Laune belegen, rollen und in schräge Stücke schneiden.

→ Tipp
Ein Wrap ist ein super Mittagsimbiss, wenn es schnell gehen soll, oder kann prima als Ersatz für ein Schulbrot dienen. Für Wraps brauchen Sie einen Aufstrich oder eine Soße und Salat. Die restlichen Zutaten können Sie frei variieren.

→ Variante
Statt der gekauften Teigfladen können Sie nach unserem Grundrezept (→ Seite 169) Pfannkuchen zubereiten und diese nach dem Ausbacken beliebig füllen und rollen.

ⓘ Die Nährwerte variieren je nach Zusammenstellung des Wraps.

Orientalische Linsenpuffer

150 g grüne oder braune Linsen
Jodsalz
Currypulver
gemahlener Kreuzkümmel
1 kleine Zwiebel
1 Knoblauchzehe
2 kleine Eier
2–6 EL Vollkornmehl
4 EL gehackte Petersilie
1–2 EL Rapsöl

1. Die Linsen über Nacht in 400 ml Wasser einweichen.
2. Am nächsten Tag das übrig gebliebene Wasser abgießen und auffangen. Die tropfnassen Linsen mit den Gewürzen pürieren und evtl. noch etwas Einweichflüssigkeit zugeben.
3. Zwiebel und Knoblauch schälen und fein hacken, mit Eiern, Mehl und Petersilie unter die Linsenmasse heben.
4. Das Öl in einer Pfanne erhitzen, jeweils einen Esslöffel Linsenmasse in die Pfanne geben, mit dem Löffel flach drücken und die Puffer von beiden Seiten goldgelb ausbacken.

→ Tipp

Wenn Sie die Linsen nicht über Nacht einweichen möchten, können Sie auch gekochte Linsen verwenden und mit den Gewürzen pürieren. Zu den Puffern passen verschiedene Dips, beispielsweise Möhren-Hummus oder Paprikacreme (→ Seite 105, 104), und ein grüner Salat.

→ Buchtipp

Dieses Rezept stammt aus „Vegetarisch kochen“, mehr erfahren Sie unter: **www.ratgeber-verbraucherzentrale.de**

Energie: 245 kcal | Fett: 8 g | Kohlenhydrate: 28 g
Eiweiß: 14 g | Ballaststoffe: 6 g

Fischburger mit Dillsoße

Für 10 Portionen

Für die Frikadellen:
2 altbackene Vollkornbrötchen
400 g Fischfilet (z.B. Seelachs)
1 Zwiebel
1 Bund Dill
2 Eier
Jodsalz, Pfeffer
3 EL Weizenvollkornmehl + etwas zum Verarbeiten
1 EL Rapsöl

Für die Soße:
200 g Crème fraîche
1 EL Essig
Jodsalz, Pfeffer
etwas Zitronensaft
2 EL gehackter Dill
evtl. etwas Honig

Für die Burger:
10 Vollkornbrötchen
10 Salatblätter
ca. 5 Tomaten
5–10 Gewürzgurken

1. Für die Frikadellen die altbackenen Brötchen in Wasser einweichen und ausdrücken. Den Fisch in Stücke schneiden. Die Zwiebel schälen und würfeln, den Dill abbrausen und trocken tupfen. Brötchen, Fisch, Zwiebel, Dill und Eier mit Salz und Pfeffer in einer Küchenmaschine oder mit einem Pürierstab pürieren.
2. Mit bemehlten Händen zehn flache Frikadellen formen, kurz in Mehl wenden und im heißen Öl von jeder Seite 5 Minuten braten.
3. Für die Soße alle Zutaten miteinander verrühren, bis eine glatte, cremige Masse entsteht.
4. Für die Burger die Vollkornbrötchen aufschneiden und beide Hälften mit der Soße bestreichen. Salatblätter abbrausen und trocken tupfen, Tomaten und Gewürzgurken in Scheiben schneiden und die Brötchen damit belegen. Zum Schluss die Fischfrikadellen darauflegen und die Brötchen zuklappen.

→ Variante

Vegetarische Burger können Sie beispielsweise mit unseren pikanten Bratlingen (→ Seite 155) herstellen.

Energie: 309 kcal | Fett: 10 g | Kohlenhydrate: 37 g
Eiweiß: 17 g | Ballaststoffe: 6 g

Panierter Tofu mit Sesam

400 g Tofu
1 Ei
2 TL Sojasoße
Jodsalz
3 EL Paniermehl
2 EL Sesamsamen
2 EL Rapsöl

1. Den Tofu in ca. 1 cm dicke Sticks schneiden. Das Ei in einen tiefen Teller schlagen, Sojasoße und ggf. Salz zufügen. Auf einem zweiten Teller Paniermehl und Sesam mischen.
2. Die Tofusticks erst im Ei und dann in der Paniermehlmischung wälzen und anschließend in einer Pfanne im heißen Öl knusprig braten.

→ Tipp

Dazu schmecken der Rote-Bete- oder Couscoussalat (→ Seite 113, 119). Auch verlockend: Die Tofusticks mit Dip genießen, beispielsweise dem Möhren-Hummus oder Kräuterdip (→ Seite 105, 120).

Energie: 233 kcal | Fett: 14 g | Kohlenhydrate: 8 g
Eiweiß: 19 g | Ballaststoffe: 2 g

Cremiges Gemüserisotto mit Parmesan

250 g Risottoreis
1 Zwiebel
1 TL Rapsöl
250 g braune Champignons
1 Möhre
200 g TK-Erbsen
Jodsalz
100 g Frischkäse

Außerdem:
2 EL gehackte Kräuter zum Bestreuen
50 g geriebener Parmesan zum Bestreuen

1. Den Reis in einem Sieb abspülen. 600 ml Wasser erhitzen.
2. Die Zwiebel schälen, fein hacken und in heißem Öl glasig andünsten, Reis zugeben, kurz mitdünsten und dann mit dem heißen Wasser ablöschen. Alles bei schwacher Hitze ca. 25 Minuten köcheln lassen. Evtl. etwas heißes Wasser nachfüllen, damit der Reis gut quellen kann.
3. Champignons säubern und Möhre schälen, beides klein schneiden. Pilze, Möhre und Erbsen zu dem Reis geben und ca. 10 Minuten mitgaren.
4. Zum Schluss Salz und Frischkäse unter den Risotto rühren. Mit Kräutern und Parmesan bestreut servieren.

Energie: 443 kcal | Fett: 15 g | Kohlenhydrate: 58 g
Eiweiß: 18 g | Ballaststoffe: 6 g

Heiß geliebte Kürbislasagne

500 g Hokkaido-Kürbis oder Butternut-Kürbis
2 Zwiebeln
2 EL Olivenöl
Jodsalz
Cayennepfeffer
½ TL Zimt
1 TL gehackter Thymian
500 g passierte Tomaten
200 ml Gemüsebrühe
2 EL Mehl
250 ml kalte Milch, 1,5 % Fett
geriebene Muskatnuss
100 g geriebener Bergkäse
100 g geriebener Parmesan
ca. 150 g Lasagneblätter (je nach Größe der Auflaufform)

1. Den Kürbis waschen, halbieren und entkernen. Das Kürbisfleisch in kleine Würfel schneiden. Die Zwiebeln schälen und würfeln. Zwiebeln und Kürbis in Olivenöl andünsten. Mit Salz, Cayennepfeffer, Zimt und Thymian würzen.
2. Die passierten Tomaten und ein Drittel der Gemüsebrühe hinzugießen und 10 Minuten köcheln lassen.
3. Für die Soße Mehl in Milch einrühren und die Milch mit der restlichen Brühe mit Salz und Muskat aufkochen. Je die Hälfte der beiden Käse in die Soße geben.
4. Abwechselnd Kürbissoße, Käsesoße und Lasagneblätter in eine Auflaufform schichten und zum Schluss den restlichen Käse darüberstreuen. Die Lasagne 20–30 Minuten bei 180 °C backen.

→ Tipp

Wenn Kürbis gerade nicht Saison hat, können Sie die Lasagne auch mit Linsenbolognese (→ Seite 161) zubereiten.

Energie: 497 kcal | Fett: 23 g | Kohlenhydrate: 46 g
Eiweiß: 26 g | Ballaststoffe: 5 g

Schlemmerfilet mit Naturreis

½ rote Paprika
½ gelbe Paprika
3 Stängel Petersilie oder
½ Bund Schnittlauch
50 g Paniermehl
1 EL Rapsöl
Jodsalz
Pfeffer
700 g Seelachs
2 EL Zitronensaft
250 g Naturreis

1. Die Paprika waschen, von Samen und Scheidewänden befreien und in kleine Würfel schneiden. Petersilie oder Schnittlauch abbrausen, trocken tupfen und hacken.
2. Paniermehl mit Paprikawürfeln, Öl, Salz, Pfeffer und Kräutern zu einer geschmeidigen Masse vermengen.
3. Die Fischfilets trocken tupfen und mit Zitronensaft beträufeln. Den Fisch in eine gefettete Auflaufform legen, mit der Paprikamasse bestreichen und im ca. 15 Minuten bei 180 °C Umluft backen. Zum Schluss ca. 3–4 Minuten den Backofengrill anstellen.
4. Den Naturreis gleichzeitig in Salzwasser kochen und auf niedriger Stufe quellen lassen. Zum Schlemmerfilet servieren.

→ Tipp

Die übrig gebliebenen Hälften der Paprika können Sie am nächsten Tag beispielsweise für die Paprikafrikadellen (→ Seite 133) verwenden.

→ Variante

Statt Paprika eignen sich auch klein geschnittene Champignons und Zucchini.

Energie: 312 kcal | Fett: 8 g | Kohlenhydrate: 23 g
Eiweiß: 37 g | Ballaststoffe: 3 g

Pilzpfanne mit Hähnchenstreifen

400 g Champignons
200 g Zwiebeln
1 EL Rapsöl
200 g Hähnchenbrustfilet oder Putenbrust
Jodsalz
Pfeffer
Paprikapulver
getrockneter Thymian oder getrockneter Oregano
200 ml Gemüsebrühe
5 EL Sahne
1 EL Vollkornmehl
50 ml kaltes Wasser

1. Die Champignons putzen und in Scheiben schneiden. Die Zwiebeln schälen und fein würfeln und in ½ EL Öl dünsten. Champignons zu den Zwiebeln geben und goldgelb andünsten. Zwiebel-Champignon-Mischung in einen Topf geben und beiseitestellen.
2. Das Fleisch in dünne Streifen schneiden und im restlichen Öl anbraten, mit Gewürzen und Kräutern abschmecken und garen. Anschließend zu den Champignons und Zwiebeln in den Topf geben.
3. Mit Gemüsebrühe und Sahne auffüllen. Zum Binden der Soße Mehl in Wasser anrühren, zugeben und kurz aufkochen lassen. Zum Schluss noch einmal mit Gewürzen und Kräutern abschmecken.

→ Tipp
Dazu passen Reis, Nudeln oder Kartoffeln und ein Salat.

→ Varianten
Das Gericht können Sie auch mit kleinen Hähnchenkeulen zubereiten. Diese müssen Sie erst durchgaren, bevor sie zum Gemüse kommen.
Ohne Fleisch lässt sich das Gericht beispielsweise mit gut angebratenen Produkten aus Süßlupinen oder Soja in Form von Tempeh oder Tofu realisieren.

Energie: 162 kcal | Fett: 8 g | Kohlenhydrate: 5 g
Eiweiß: 16 g | Ballaststoffe: 2 g

Kartoffel-Gemüse-Puffer mit Joghurtdip

Für die Puffer:
750 g Kartoffeln
2 Zwiebeln
2 kleine Möhren
1 Lauch
2 Eier
1 TL getrockneter Majoran oder getrockneter Thymian
Jodsalz
2 EL Rapsöl

Für den Dip:
4 EL Joghurt, 1,5 % Fett
250 g Quark
1 EL Tomatenmark
2 EL Sahne
Jodsalz
Pfeffer
Paprikapulver + etwas zum Bestreuen
etwas Honig nach Belieben

1. Für die Puffer Kartoffeln und Zwiebeln schälen, fein reiben und vermengen. Möhren schälen und raspeln, Lauch putzen und in feine Streifen schneiden.
2. Das Gemüse mit Eiern und Gewürzen unter die Kartoffelmischung rühren. Das Öl in einer Pfanne erhitzen und die Puffer darin von beiden Seiten goldbraun braten.
3. Für den Dip Joghurt mit Quark, Tomatenmark und Sahne verrühren. Mit Salz, Pfeffer, Paprika und nach Belieben mit Honig abschmecken.
4. Den Dip mit Paprikapulver bestreuen und zu den frischen Kartoffelpuffern reichen.

→ Tipp

Dazu können Sie sehr gut eine saisonale Rohkostplatte (→ Seite 115) anbieten.

Energie: 388 kcal | Fett: 19 g | Kohlenhydrate: 39 g
Eiweiß: 15 g | Ballaststoffe: 6 g

Kichererbsenbällchen mit Frühlingsgemüse und Kräutercreme

Für die Kichererbsenbällchen:
240 g Kichererbsen (Dose)
2 Schalotten
6–8 getrocknete Tomaten
4 EL Weizenvollkornmehl
1 TL Backpulver
4 EL gehackte Petersilie
Jodsalz, Pfeffer
1 Msp. Kurkuma
1–2 EL Rapsöl

Für das Gemüse:
1–2 Kohlrabi
600 g junge Möhren
400 g Brokkoli
1–2 EL Rapsöl
240 ml Gemüsebrühe
4 Frühlingszwiebeln
Jodsalz, Pfeffer

Für die Creme:
250 g Ricotta
200 g Magerquark
1–2 Knoblauchzehen
4 EL gehackte Kräuter
Jodsalz, Pfeffer

1. Kichererbsen über einem Sieb abtropfen lassen. Schalotten schälen und würfeln, getrocknete Tomaten ebenfalls fein würfeln.
2. Zu den abgetropften Kichererbsen Mehl und Backpulver geben und mit einem Pürierstab fein pürieren. Die Zwiebel- und Tomatenwürfel unterheben und die Masse mit Petersilie, Salz, Pfeffer und Kurkuma abschmecken. Zu kleinen Bällchen formen und in einer Pfanne in Öl von allen Seiten anbraten.
3. Für das Gemüse Kohlrabi und Möhren schälen und in Stifte schneiden. Brokkoli in Röschen teilen. Kohlrabi- und Möhrenstifte 2 Minuten in Öl andünsten, zum Schluss die Brokkoliröschen zugeben und mit ein wenig Brühe ablöschen. Ca. 8 Minuten garen, bei Bedarf Brühe nachgießen. Die Frühlingszwiebeln in Ringe schneiden, untermischen und 1–2 Minuten mitgaren. Mit Salz und Pfeffer würzen.
4. Für die Kräutercreme Ricotta und Quark verrühren. Knoblauch schälen und zerdrücken. Mit den Kräutern unter die Creme rühren und mit Salz und Pfeffer abschmecken.
5. Die Kicherbsenbällchen mit dem Gemüse und der Kräutercreme anrichten und servieren.

→ Buchtipp
Dieses Rezept stammt aus „Gewicht im Griff", mehr erfahren Sie unter: **www.ratgeber-verbraucherzentrale.de**

Energie: 393 kcal | Fett: 17 g | Kohlenhydrate: 34 g
Eiweiß: 25 g | Ballaststoffe: 13 g

Süßkartoffel-Zucchini-Tortilla

450 g Süßkartoffel
300 g Zucchini
1 Zwiebel
4 EL Olivenöl
1 Bund Kräuter (z.B. Schnittlauch oder Petersilie)
4 Eier
60 ml Milch
Jodsalz
Pfeffer
geriebene Muskatnuss
50 g geriebener Käse (z.B. Mozzarella oder Emmentaler)

1. Die Süßkartoffel schälen und in kleine Würfel, die Zucchini längs halbieren und in Scheiben schneiden. Die Zwiebel schälen, klein schneiden und in einer großen Pfanne in Olivenöl andünsten. Süßkartoffeln und Zucchini zugeben und mit Deckel 10 Minuten bei schwacher Hitze andünsten.
2. Kräuter abbrausen, trocken tupfen und fein hacken. Einen kleinen Teil davon beiseitestellen. Eier und Milch verquirlen, Gewürze und den Großteil der Kräuter unterrühren. Die Mischung über das Gemüse geben und mit Käse bestreuen.
3. Die Eiermischung in der Pfanne mit Deckel bei schwacher Hitze stocken lassen. Wer eine ofenfeste Pfanne benutzt, kann das Gericht auch zum Stocken bei 160 °C Umluft 15 Minuten in den Backofen schieben.
4. Mit den restlichen Kräutern bestreut servieren.

→ Tipp

Zu der Tortilla schmecken Rote-Bete-Salat oder Chinakohlsalat mit Kichererbsen (→ Seite 113, 114).

Energie: 405 kcal | Fett: 23 g | Kohlenhydrate: 32 g
Eiweiß: 17 g | Ballaststoffe: 5 g

Kartoffelsalat

750 g Kartoffeln
2 Zwiebeln
1 kleine Gurke
4 Tomaten
1 rote oder gelbe Paprika

Für die Marinade:
150 g saure Sahne, 10 % Fett
150 g Joghurt, 1,5 % Fett
1 EL Obstessig
1 TL Senf
2–3 EL gemischte Kräuter, frisch oder tiefgekühlt
Pfeffer
Paprikapulver
Jodsalz

1. Die Kartoffeln als Pellkartoffeln garen, pellen und in Scheiben schneiden. Zwiebeln schälen und fein würfeln, Gurke schälen und in feine Scheiben schneiden. Tomaten und Paprika waschen, Tomaten achteln, Paprika von Samen und Scheidewänden befreien und in Würfel schneiden.
2. Aus saurer Sahne, Joghurt, Essig, Senf, Kräutern, Pfeffer, Paprika und Salz eine Marinade anrühren. Die Marinade über die Kartoffeln und das Gemüse gießen und alles gut vermischen.

→ Tipp

Zusammen mit in Wasser erhitzten oder gebratenen Würstchen (Schwein, Rind, Geflügel oder vegetarisch), Senf und Vollkornbrot oder -brötchen hat man ein komplettes Abendessen.

Energie: 483 kcal | Fett: 27 g | Kohlenhydrate: 40 g
Eiweiß: 18 g | Ballaststoffe: 6 g

Pikante Bratlinge

Für 12 Stück

3 pro Portion
100 g Grünkern- oder Weizenschrot
2 Lorbeerblätter
400 ml Gemüsebrühe
1 Möhre
½ Lauch
1 Zwiebel
2 Eier
4 EL Weizenvollkorn- oder Paniermehl
Jodsalz
Pfeffer
4 EL gehackte Petersilie
2 EL Rapsöl

1. Den Getreideschrot mit Lorbeerblättern in der Gemüsebrühe aufkochen und 15–20 Minuten bei schwacher Hitze quellen lassen. Dabei immer wieder gut rühren. Die Lorbeerblätter entfernen.
2. Möhre schälen und raspeln, Lauch putzen und in feine Streifen schneiden, Zwiebel schälen und fein hacken. Alles mit Eiern, Mehl oder Bröseln, Salz, Pfeffer und Petersilie zum Getreideschrot geben und untermengen. Nach Belieben noch einmal pikant abschmecken und die Masse anschließend abkühlen lassen.
3. Mit feuchten Händen 12 Bratlinge formen oder mit einem Esslöffel kleine Häufchen in die Pfanne drücken. Die Bratlinge im heißen Öl anbraten und erst wenden, wenn die erste Seite schön goldgelb gebraten ist.

→ Tipp

Zu den knusprigen Bratlingen passt Möhren-Apfel-Rohkost oder eine saisonale Rohkostplatte (→ Seite 112, 115).

→ Variante

Das Rezept gelingt statt mit Getreideschrot auch mit Hirse oder Naturreis.

Energie: 221 kcal | Fett: 9 g | Kohlenhydrate: 26 g
Eiweiß: 9 g | Ballaststoffe: 5 g

Nudel-Spinat-Auflauf

400 g Nudeln (z.B. Fusilli)
2 Knoblauchzehen
800 g TK-Spinat
Jodsalz
Pfeffer
2–3 Tomaten

Für die Soße:
2 EL Vollkornmehl
250 ml kalte Milch, 1,5 % Fett
4 Zwiebeln
1 EL Rapsöl
1 TL Gemüsebrühe
Jodsalz
Pfeffer
geriebene Muskatnuss

Außerdem:
100 g geriebener Käse (z.B. Gouda, Emmentaler, Bergkäse) zum Bestreuen

1. Die Nudeln in reichlich Salzwasser bissfest garen. Knoblauch schälen und fein hacken. Spinat auftauen lassen und mit Salz, Pfeffer und Knoblauch würzen. Tomaten waschen, klein schneiden und zum Spinat geben.
2. Für die Soße Mehl in Milch glatt rühren. Die Zwiebeln schälen, hacken und im heißen Öl andünsten, die Milch-Mehl-Mischung zugeben und 2 Minuten unter Rühren aufkochen. Mit Gemüsebrühe, Salz, Pfeffer und Muskat würzen.
3. Nudeln und Spinat-Tomaten-Gemüse in eine Auflaufform geben, die Soße darübergießen, den Auflauf mit Käse bestreuen und 20–30 Minuten bei 180 °C Umluft backen.

→ Tipp
Dazu schmeckt ein grüner oder gemischter Salat.

Energie: 576 kcal | Fett: 13 g | Kohlenhydrate: 82 g
Eiweiß: 30 g | Ballaststoffe: 11 g

Gefüllte Zucchini mit Bulgur

1 Zwiebel
1 Knoblauchzehe
1 kg Zucchini
100 g Bulgur
250 ml Gemüsebrühe
50 g Sonnenblumenkerne
1 TL Rapsöl
½ TL getrockneter Oregano
Paprikapulver
Pfeffer
Jodsalz

Außerdem:
100 g geriebener Käse zum Bestreuen

1. Die Zwiebel schälen und klein schneiden. Knoblauch schälen und zerdrücken. Zucchini waschen, halbieren und aushöhlen, in kochendem Wasser 2 Minuten blanchieren. Bulgur in der Gemüsebrühe ca. 10 Minuten quellen lassen.
2. In der Zwischenzeit das Innere der Zucchini zerkleinern und mit Zwiebel, Knoblauch und Sonnenblumenkernen im heißen Öl andünsten. Den Bulgur zugeben und kurz mitdünsten. Mit den Gewürzen kräftig abschmecken.
3. Die Zucchini mit der Mischung füllen und in eine ofenfeste, gefettete Form setzen. Zum Schluss mit Käse bestreuen und 20 Minuten bei 180 °C Umluft überbacken.

→ Tipp
Dazu schmecken eine fruchtige Tomatensuppe (→ Seite 127) und Brot zum Tunken.

Energie: 297 kcal | Fett: 13 g | Kohlenhydrate: 27 g
Eiweiß: 17 g | Ballaststoffe: 6 g

Lachsfilet im Gemüsebett mit Kartoffelstampf

500 g Lachsfilet
Saft von einer ½ Zitrone
Jodsalz
Pfeffer
600 g Möhren und Kohlrabi
1 Zwiebel
2 EL Rapsöl
geriebene Muskatnuss
100 g Crème fraîche
1 EL geriebener Parmesan

Für das Kartoffelpüree:
750 g Kartoffeln
1 EL Butter oder Margarine
250 ml Milch, 1,5 % Fett

1. Für das Püree die Kartoffeln schälen und in Salzwasser kochen.
2. Das Lachsfilet mit Zitronensaft beträufeln und mit Salz und ein wenig Pfeffer würzen.
3. Möhren und Kohlrabi schälen und in kleine Würfel schneiden. Zwiebel schälen und klein schneiden und mit Möhren und Kohlrabi im heißen Öl 10 Minuten andünsten.
4. Die gegarten Kartoffeln mit Butter oder Margarine und einem Großteil der Milch zu einem cremigen Kartoffelpüree zerstampfen.
5. Das Gemüse in eine Auflaufform geben. Mit Salz und Muskat würzen, dann das Lachsfilet darauflegen. Crème fraîche mit restlicher Milch und Parmesan verrühren, mit ein wenig Salz würzen und auf das Fischfilet streichen.
6. Den Lachs ca. 15 Minuten bei 180 °C Umluft überbacken und mit dem Kartoffelstampf servieren.

Energie: 583 kcal | Fett: 30 g | Kohlenhydrate: 45 g
Eiweiß: 33 g | Ballaststoffe: 7 g

Pizza-Pfannkuchen für Kids

Für den Teig:
100 g Vollkornmehl (Weizen oder Dinkel)
125 ml Milch, 1,5 % Fett
2 Eier
1 Prise Jodsalz

Für die Tomatensoße:
4 Zwiebeln
1 TL Rapsöl
300 g passierte Tomaten
Jodsalz
Pfeffer
Paprikapulver
1 Knoblauchzehe

Für den Belag:
2 Tomaten
200 g Champignons
1 gelbe Paprika
75 g geriebener Käse (z. B. Gouda)
getrockneter Oregano

1. Aus Mehl, Milch, Eiern und Jodsalz einen geschmeidigen Pfannkuchenteig rühren.
2. Für die Soße die Zwiebeln schälen, würfeln und im heißen Öl andünsten. Die passierten Tomaten zufügen. Bei schwacher Hitze einige Minuten köcheln lassen und mit Salz, Pfeffer und Paprika würzen. Den Knoblauch schälen und dazupressen.
3. Tomaten und Champignons waschen und in Scheiben schneiden. Die Paprika putzen, von Samen und Scheidewänden befreien und in kleine Würfel schneiden.
4. Den Pfannkuchenteig auf ein mit Backpapier ausgelegtes Blech geben und verteilen. 4–5 Minuten bei 180 °C Umluft vorbacken.
5. Das Blech herausnehmen und den Pfannkuchen mit Tomatensoße bestreichen, mit dem Gemüse belegen und mit Käse bestreuen. Mit Oregano würzen und den Pizza-Pfannkuchen in weiteren 5–7 Minuten fertig backen.

→ Tipp

Eine Kombination aus Pizza und Pfannkuchen – Ihre Kinder werden dieses Gericht lieben! Als kleiner Begleiter eignet sich ein Salat.

Energie: 276 kcal | Fett: 11 g | Kohlenhydrate: 26 g
Eiweiß: 17 g | Ballaststoffe: 7 g

Vegane Bolognese mit roten Linsen

150 g rote Linsen
1 Zwiebel
1 Möhre
3 Tomaten
250 g Champignons
2 Stangen Staudensellerie
2 EL Olivenöl
400 g Vollkornnudeln
2 EL Tomatenmark
300 ml Gemüsebrühe
1 TL getrockneter Oregano
1 TL getrocknetes Basilikum
Jodsalz
Pfeffer

1. Die Linsen ohne Salz in Wasser ca. 10 Minuten garen.
2. In der Zwischenzeit Zwiebel schälen und klein schneiden. Möhre schälen und klein schneiden. Tomaten waschen, Champignons putzen und beides ebenfalls in kleine Würfel schneiden. Staudensellerie waschen und in dünne Scheiben schneiden.
3. Zunächst die Zwiebel, dann das Gemüse im heißen Öl kurz anbraten und in ca. 10 Minuten bissfest garen.
4. Die Vollkornnudeln in einem großen Topf in Salzwasser bissfest garen. Linsen, Tomatenmark und Gemüsebrühe zu der Zwiebel-Gemüse-Mischung geben und erneut erhitzen. Kräuter zugeben und mit Salz und Pfeffer abschmecken.
5. Die Nudeln auf Tellern anrichten und mit der Linsenbolognese servieren.

→ Tipp

Klein geschnittener Staudensellerie kann gut eingefroren werden. Dazu die Stängel in Stücke schneiden und 1–2 Minuten in kochendem Wasser blanchieren. Nach dem Abkühlen nach Wunsch portionieren und einfrieren.

Energie: 528 kcal | Fett: 9 g | Kohlenhydrate: 85 g
Eiweiß: 26 g | Ballaststoffe: 20 g

Maisplätzchen mit Möhrensoße

Für 12 Stück
3 pro Portion

Für die Maisplätzchen:
2 Eier
8 EL Maismehl oder Weizenvollkornmehl
½ TL getrocknete Korianderblätter
1 Zwiebel
1 Lauch
250 g Mais
Jodsalz
Pfeffer
2 EL gehackte Petersilie
2 EL Rapsöl

Für die Soße:
400 g Möhren
1 EL Rapsöl
1 Prise Zucker
Jodsalz
200 ml Gemüsebrühe
3 EL Sahne
Pfeffer

1. Für die Soße die Möhren schälen, in Scheiben schneiden und im heißen Öl andünsten. Mit Zucker und Salz würzen. Die Gemüsebrühe zugießen und die Soße mit Deckel 10–20 Minuten kochen.
2. Die Soße im Mixer oder mit dem Pürierstab pürieren. Die Sahne unterrühren und mit Salz und Pfeffer abschmecken.
3. Für die Maisplätzchen Eier mit Mehl verrühren, Koriander zugeben. Zwiebel schälen und in Würfel schneiden. Lauch putzen und in feine Ringe schneiden und alles mit Mais zum Teig geben. Mit Salz und Pfeffer würzen, zum Schluss die Petersilie unterrühren.
4. Das Öl in einer Pfanne erhitzen, den Teig löffelweise hineingeben, etwas flach drücken und die Plätzchen von beiden Seiten goldbraun backen. Auf vier Tellern anrichten und mit der Möhrensoße servieren.

Energie: 275 kcal | Fett: 14 g | Kohlenhydrate: 30 g
Eiweiß: 7 g | Ballaststoffe: 8 g

Gefüllte Pfannkuchenrollen mit Spinat

Pfannkuchenteig
(→ Seite 169)
Rapsöl zum Ausbacken
450 g TK-Spinat
1 Knoblauchzehe
2 Tomaten
2 Zwiebeln
1 TL Rapsöl
Jodsalz
Pfeffer
geriebene Muskatnuss

Für die Soße:
1 EL Vollkornmehl (Weizen- oder Dinkelvollkornmehl)
300 ml Milch, 1,5 % Fett
Jodsalz
Pfeffer

1. Den Teig nach dem Grundrezept (→ Seite 169) zubereiten und in einer beschichteten Pfanne acht dünne Pfannkuchen ausbacken.
2. Spinat auftauen lassen. Knoblauch schälen und fein hacken. Tomaten waschen, Zwiebeln schälen und beides klein schneiden. Zwiebeln in Öl andünsten, Tomatenwürfel und Spinat zugeben und mit den Gewürzen und Knoblauch abschmecken.
3. Für die Soße Mehl mit Milch verrühren und ca. 5 Minuten köcheln lassen. Mit Salz und Pfeffer abschmecken.
4. Die Pfannkuchen mit der Spinatmasse belegen, aufrollen und in eine Auflaufform füllen. Anschließend mit der Soße übergießen und 15–20 bei 180 °C Umluft Minuten backen.

Energie: 418 kcal | Fett: 15 g | Kohlenhydrate: 49 g
Eiweiß: 21 g | Ballaststoffe: 9 g

Möhren-Kräuter-Tarte

Für 12 Stücke

2 Zwiebeln
2 Knoblauchzehen
3 Möhren
½ Bund Petersilie oder 2 EL getrocknete Petersilie
1 Bund Schnittlauch oder 4 EL getrockneter Schnittlauch
100 g Dinkel- oder Weizenvollkornmehl
50 ml Rapsöl
100 g geriebener Käse (z.B. mittelalter Gouda, Emmentaler oder Bergkäse)
3 Eier
Jodsalz
Pfeffer

1. Zwiebeln und Knoblauch schälen und hacken. Möhren schälen und raspeln. Kräuter abbrausen, trocken tupfen und fein hacken.
2. Das Mehl mit Öl, Käse, Eiern, Salz, Pfeffer, Zwiebeln, Knoblauch, Möhren und Kräutern zu einem Teig verarbeiten.
3. Den Teig in eine gefettete Springform füllen und in den kalten Backofen schieben. Die Tarte 30–40 Minuten bei 180 °C Umluft backen.

Pro Stück:

Energie: 388 kcal | Fett: 25 g | Kohlenhydrate: 23 g
Eiweiß: 17 g | Ballaststoffe: 5 g

Würzige Süßkartoffeln aus dem Ofen

600 g Bio-Süßkartoffeln
2 EL Zitronensaft
2 EL Olivenöl
Jodsalz
getrockneter Thymian

1. Die Süßkartoffeln gründlich säubern, z. B. mit einer Gemüsebürste, anschließend halbieren und vierteln. Zitronensaft, Olivenöl, Salz und Thymian mischen.
2. Die Süßkartoffeln mit einer Schnittfläche auf ein Backblech setzen und mit der Marinade bestreichen. Je nach Größe ca. 25 Minuten bei 180 °C Umluft backen.

→ Tipp

Zu den Süßkartoffeln schmecken Kräuter- oder Joghurtdip (→ Seite 120, 150) und ein bunter Salat. Oder Sie verwenden sie als Beilage zu würzigen Gemüse- und Fleischgerichten – auch sehr lecker!

Energie: 211 kcal | Fett: 6 g | Kohlenhydrate: 36 g
Eiweiß: 2 g | Ballaststoffe: 5 g

Saftiges Gulasch mit Gemüse und Salzkartoffeln

400 g Schweineschnitzel, Putenbrust oder Hähnchenbrustfilet
4 Zwiebeln
1 EL Rapsöl
3 Möhren
100 g Knollensellerie
2 Tomaten
1 EL Weizen- oder Dinkelvollkornmehl
300 ml Gemüsebrühe
Jodsalz
Pfeffer
Paprikapulver

Außerdem:
800 g Kartoffeln

1. Das Fleisch in kleine Würfel schneiden, Zwiebeln schälen und würfeln.
2. Die Kartoffeln schälen und in ca. 20 Minuten in Salzwasser garen.
3. Dann das Fleisch im heißen Öl anbraten, die Zwiebeln zufügen und andünsten, bis sie sich leicht bräunen.
4. Möhren und Sellerie schälen, Tomaten waschen. Alles in Würfel schneiden und zufügen. Kurz mitandünsten und mit Mehl bestäuben, rühren und dann die Gemüsebrühe und die Gewürze zufügen.
5. 15–25 Minuten garen. Mit den Kartoffeln servieren.

→ Tipp
Ein Geflügelgulasch ist nach ca. 20 Minuten fertig. Schweinefleisch braucht länger, bis es schön zart ist.

→ Variante
Sie können nach diesem Rezept auch ein rein pflanzliches Gulasch, zum Beispiel mit Pilzen und Bohnen als Geschmacks- und Energieträger. Hierfür 250 g braune Champignons putzen, grob würfeln und mit den Zwiebeln in Öl anbraten; 1 Glas Kidneybohnen abgießen und vor Ende der Garzeit im Gulasch erwärmen. Auch 200 g klein gewürfelter und gut angebratener Räuchertofu macht sich gut.

Energie: 360 kcal | Fett: 9 g | Kohlenhydrate: 42 g
Eiweiß: 27 g | Ballaststoffe: 7 g

Kartoffelplätzchen mit Käse

Für 6 Portionen

800 g Kartoffeln
150 g Weizenvollkornmehl, ganz fein gemahlen
100 g Magerquark
2 Eier
Jodsalz
Pfeffer
geriebene Muskatnuss
50 g geriebener Gouda
3 EL gehackte Kräuter
1 EL Rapsöl

1. Die Kartoffeln als Pellkartoffeln kochen, schälen und durch die Kartoffelpresse drücken. Mehl, Quark, Eier, Salz, Pfeffer und Muskat zugeben und alles gut mischen. Zuletzt den Käse und die Kräuter unterziehen.
2. Kleine Küchlein aus der Masse formen und im heißen Öl von beiden Seiten goldbraun backen.

→ Tipp

Die Kartoffelplätzchen schmecken lecker mit Möhren-Apfel-Rohkost oder Eisbergsalat mit Orangen (→ Seite 112, 111).

Pro Portion:
Energie: 253 kcal | Fett: 6 g | Kohlenhydrate: 37 g
Eiweiß: 12 g | Ballaststoffe: 4 g

Allerlei Pfannkuchen

Grundrezept und Varianten

Für je 8 Stück
2 pro Portion

Für den Teig:
250 g Weizenvollkornmehl
3 Eier
250 ml Milch, 1,5 % Fett
150 ml Wasser
2 EL Rapsöl zum Ausbacken

Für Apfelpfannkuchen:
3 Äpfel
Saft von ½ Zitrone
Zimt

Für Beerenpfannkuchen:
300 g Beeren (z.B. Himbeeren)
Puderzucker zum Bestreuen

Für Käsepfannkuchen:
100 g geriebener Emmentaler

1. Für den Teig das Mehl mit Eiern, Milch und Wasser verrühren und 15 Minuten quellen lassen. Das Öl in einer mittelgroßen Pfanne erhitzen und den Teig portionsweise hineingeben. Bei schwacher Hitze von der unteren Seite goldbraun backen, sodass auch die Oberfläche schön fest ist, wenden und fertig backen.
2. Für Apfelpfannkuchen die Äpfel waschen, in dünne Spalten schneiden und mit Zitronensaft beträufeln. Zum Schluss mit Zimt bestreuen und während des Ausbackens auf den Teig legen.
3. Für Beerenpfannkuchen zuvor die Beeren verlesen und nach dem Wenden des Pfannkuchens auf eine Hälfte geben. Den Pfannkuchen zusammenklappen und vor dem Servieren mit Puderzucker bestreuen.
4. Käsepfannkuchen nach dem Wenden auf einer Hälfte mit Käse bestreuen, zusammenklappen und erneut kurz bräunen.

→ Tipps

Käsepfannkuchen schmecken belegt mit Tomatenscheiben und gewürzt mit Oregano noch besser.

Übrig gebliebene Pfannkuchen einfach mit Mandelmus bestreichen, eine reife Banane hineinrollen und wie Sushi in kleine Röllchen schneiden.

Klassisch:
Energie: 329 kcal | Fett: 12 g | Kohlenhydrate: 41 g
Eiweiß: 15 g | Ballaststoffe: 6 g

Quarkknödel in Butterbröseln

500 g Magerquark
3 Eier
3 EL Honig oder Zucker
1 Msp. Vanillepulver
(→ Seite 98)
Jodsalz
Abrieb von 1 Bio-Zitrone
100 g Vollkorngrieß
2 EL Butter oder Margarine
100 g Paniermehl

1. Den Magerquark mit Eiern, 2 EL Honig oder Zucker, Vanille, Salz und Zitronenabrieb verrühren. Grieß unterrühren und die Quarkmasse abgedeckt 2–3 Stunden in den Kühlschrank stellen.
2. Aus der Masse mit einem Esslöffel 16 Knödel ausstechen. Sollte die Masse noch zu flüssig sein, evtl. 1–2 EL Vollkornmehl zugeben. Die Knödel mit angefeuchteten Händen ein wenig rollen, damit sie schön rund und glatt werden.
3. Die Knödel in leicht kochendes Salzwasser legen und mit Deckel ca. 10 Minuten ziehen lassen.
4. In der Zwischenzeit in einer Pfanne Butter oder Margarine zerlassen, Paniermehl mit 1 EL Honig oder Zucker zugeben und leicht bräunen lassen.
5. Die Knödel mit einem Schaumlöffel aus dem Wasser heben, gut abtropfen lassen und in den Butterbröseln wälzen.

→ Tipp

Die Quarkknödel eignen sich wunderbar als warme Hauptmahlzeit. Dazu passen frische Erdbeeren, eingekochte Pflaumen oder Apfelmus.

Energie: 401 kcal | Fett: 10 g | Kohlenhydrate: 50 g
Eiweiß:28 g | Ballaststoffe: 5 g

Desserts und Snacks

Apfel-Quark-Auflauf

4 Äpfel
Saft von 1 Zitrone
2 Eier
50 g Zucker oder Honig
250 g Magerquark
2 EL Weizenvollkornmehl
½ TL Zimt

1. Die Äpfel gründlich waschen, grob raspeln und mit Zitronensaft beträufeln.
2. Die Eier trennen. Eigelbe mit Zucker oder Honig, Quark und Weizenvollkornmehl verschlagen.
3. Die Apfelmasse unterheben und mit Zimt abschmecken.
4. Die Eiweiße zu steifem Schnee schlagen und locker unter die Quark-Apfel-Masse heben. In eine ofenfeste, gefettete Form füllen und den Auflauf 20–25 Minuten bei 180 °C Umluft backen.

Energie: 227 kcal | Fett: 3 g | Kohlenhydrate: 35 g
Eiweiß: 13 g | Ballaststoffe: 3 g

Fruchtige Quarkcreme mit Erdbeeren

500 g Erdbeeren
100 ml Sahne
1 EL Zucker
250 g Magerquark
10 Kekse oder 2 Stücke trockener Kuchenrest

1. Die Erdbeeren waschen, putzen und in Stücke schneiden. Einige besonders schöne Früchte zum Dekorieren beiseitelegen.
2. Die Sahne mit dem Zucker steif schlagen und unter den Quark heben.
3. Die Kekse oder den Kuchen zerkrümeln und den Boden von vier Gläsern oder einer kleinen Auflaufform damit bedecken. Die Quarkcreme und anschließend die Früchte daraufgeben. Diesen Schritt wiederholen und weitere Schichten einfüllen.
4. Die Creme mit den beiseitegelegten Erdbeeren dekorieren und kalt stellen.

→ Variante

In der Weihnachtszeit können Sie das Dessert abwandeln und mit Weihnachtsgebäck (z. B. Spekulatius) und geraspelten oder pürierten Birnen zubereiten.

Energie: 240 kcal | Fett: 10 g | Kohlenhydrate: 24 g
Eiweiß: 11 g | Ballaststoffe: 3 g

Birnen-Crumble

Für 8 Portionen

1 kg Birnen
3 EL Honig oder 2 EL Zucker
1 TL Zimt
5 EL Rosinen
100 ml Apfelsaft

Für die Streusel:
150 g Weizenvollkornmehl
90 g weiche Butter oder Margarine
50 g Zucker oder Honig

1. Die Birnen waschen und in Spalten schneiden, dabei die Kerngehäuse entfernen. Obstspalten und übrige Zutaten in eine gefettete Auflaufform füllen.
2. Für die Streusel alle Zutaten verkneten und auf die Birnenmasse geben. Den Crumble 30 Minuten bei 180 °C Umluft backen.

→ Tipp

Schmeckt besonders lecker mit Vanilleeis oder -soße.

→ Variante

Crumbles sind sehr vielseitig und können auch mit Äpfeln, Pfirsichen oder Pflaumen zubereitet werden.

Energie: 295 kcal | Fett: 10 g | Kohlenhydrate: 48 g
Eiweiß: 3 g | Ballaststoffe: 6 g

Bratäpfel mit Rosinen, Zimt und Vanillesoße

4 säuerliche Äpfel (z.B. Boskoop oder Cox Orange)
Saft von ½ Zitrone
2 TL Zucker oder Honig
3 EL Rosinen
½ TL Zimt

Für die Soße:
300 ml Milch, 1,5 % Fett
12 g Vanillepuddingpulver oder Speisestärke
15 g Zucker
2 Msp. Vanillepulver
(→ Seite 98)

1. Die Äpfel gründlich waschen, vom Kerngehäuse befreien und in eine ofenfeste Form setzen. Mit Zitronensaft beträufeln und in jeden ausgehöhlten Apfel ½ TL Zucker oder Honig und Rosinen füllen, mit Zimt bestreuen.
2. Die Bratäpfel 15 Minuten bei 180 °C Umluft backen.
3. In der Zwischenzeit für die Vanillesoße 3–4 Esslöffel von der kalten Milch in ein kleines Schälchen geben und darin das Puddingpulver oder die Speisestärke glatt rühren.
4. Die übrige Milch in einen Topf geben, Zucker und Vanillepulver zugeben. Die Milch langsam zum Kochen bringen und vom Herd nehmen. Mit einem Schneebesen das angerührte Puddingpulver oder die Speisestärke unter die heiße Milch rühren. Nun wieder auf die Herdplatte setzen und unter Rühren aufkochen lassen.
5. Die Soße unter gelegentlichem Rühren erkalten lassen oder warm zu den Bratäpfeln servieren.

→ Tipp

Zu den warmen Bratäpfeln kann statt der Vanillesoße auch Vanilleeis gereicht werden. Schmeckt köstlich!

Energie: 195 kcal | Fett: 3 g | Kohlenhydrate: 40 g
Eiweiß: 3 g | Ballaststoffe: 3 g

Vollkornwaffelherzen

Für 20 Stück

250 g Vollkornmehl
4 Eier
75 g Butter oder Margarine
75 g Zucker oder Honig
50 g gehackte Mandeln oder Haselnusskerne
50 g Sesamsamen
100 g feine Haferflocken
250 ml Milch, 1,5 % Fett
100–125 ml Mineralwasser
1 Msp. Vanillepulver (→ Seite 98)

1. Alle Zutaten zu einem geschmeidigen Teig verrühren und die Waffeln im heißen Waffeleisen backen. Scheint der Teig zu fest, etwas mehr Mineralwasser zugeben.

→ Tipp

Wenn Sie die Waffeln tiefgekühlt haben, erhitzen Sie sie nach dem Auftauen kurz im Backofen oder auch im Toaster, dann sind sie wieder schön knusprig. Die Waffelherzen schmecken lecker mit heißen Kirschen oder Beeren, frisch geschlagener Sahne oder Vanilleeis.

→ Variante

Für eine herzhafte Variante tauschen Sie einfach den Zucker oder Honig gegen 100 g geriebenen Käse (z. B. Emmentaler) aus und ersetzen das Vanillepulver durch 2–3 EL gehackte Kräuter (z. B. Petersilie oder Schnittlauch).

Pro Stück:

Energie: 151 kcal | Fett: 8 g | Kohlenhydrate: 15 g
Eiweiß: 5 g | Ballaststoffe: 2 g

Muffins

Grundrezept

Für 12 Stück

200 g Weizenvollkornmehl
60 g feine Haferflocken
2 TL Backpulver
2 Eier
180 g Zucker oder Honig
100 ml Rapsöl, Butter oder Margarine
1 Prise Vanillepulver
(→ Seite 98)
300 g Joghurt, 1,5 % Fett

Außerdem:
Puderzucker zum Bestäuben nach Belieben

1. Mehl mit Haferflocken und Backpulver mischen.
2. In einer zweiten Schüssel die Eier aufschlagen, verquirlen und mit Zucker oder Honig, Öl oder Fett, Vanille und Joghurt zu einem Teig verrühren.
3. Die Mehl- und die Fettmischung miteinander verrühren und den Teig in eine Muffin-Backform füllen und 20 Minuten bei 180 °C Umluft backen.
4. Die Muffins abkühlen lassen und nach Belieben mit Puderzucker bestäuben.

→ Varianten

Muffins können in verschiedenen Varianten gebacken werden, beispielsweise mit gemahlenen Haselnüssen, Mandeln oder Cashewkernen. Besonders lecker schmecken Sie mit Früchten wie Äpfeln, Bananen, Himbeeren. Dafür ca. 200 g Obst klein schneiden und unter den Teig heben. Auch herzhafte Küchlein kommen bei Kindern gut an. Hierfür verzichten Sie auf den Zucker und die Vanille im Teig und geben 150 g fein geraspelte Möhren und 100 g Käse (je nach Vorlieben z. B. Emmentaler oder Mozzarella) hinzu.

Pro Stück:
Energie: 230 kcal | Fett: 10 g | Kohlenhydrate: 30 g
Eiweiß: 5 g | Ballaststoffe: 2 g

Süße Quark-Öl-Bärchen

Für 15–18 Stück

250 g Quark
2 Eier
8 EL Milch
100 ml Rapsöl
120 g Zucker
1 Msp. Vanillepulver
(→ Seite 98)
1 Pck. Backpulver
½ TL Jodsalz
500 g Weizen- oder Dinkelvollkornmehl + etwas zum Verarbeiten

Außerdem:
2 runde Formen (z.B. Glas oder Becher, ø 3 cm und ø 6 cm)
Rosinen oder Nüsse

1. Den Quark mit 1 Ei glatt rühren. Das zweite Ei trennen und das Eiweiß in den Quark rühren. Das Eigelb beiseitestellen.
2. Die Quark-Ei-Masse mit Milch, Öl, Zucker, Vanille, Backpulver, Salz und Mehl zu einem glatten Teig verkneten und den Teig auf einer bemehlten Arbeitsfläche ausrollen.
3. Für einen Bären jeweils mit einem Glas oder Becher einen großen und einen kleinen Kreis für die Ohren ausstechen. Den kleinen Kreis halbieren.
4. Die Bären dann auf einem mit Backpapier ausgelegten Blech zusammensetzen: Den großen Kreis mit Eigelb einpinseln, als Augen Rosinen oder Nüsse platzieren und zum Schluss die beiden Halbkreise mit Eigelb an die Seiten kleben. Das sind die Ohren.
5. Die weiteren Bären ebenso fertigstellen. Alle Bärchen noch einmal mit Eigelb bepinseln und 15–20 Minuten bei 180 °C Umluft backen.

→ Tipp

Die süßen Bärchen eignen sich gut für die Brotdose, aber auch für einen Kindergeburtstag. Die Kinder können dann selbst die Kreise ausstechen und zu Bären zusammenlegen.

Pro Stück:
Energie: 209 kcal | Fett: 8 g | Kohlenhydrate: 27 g
Eiweiß: 7 g | Ballaststoffe: 3 g

Nussecken

Für 32 Stück

Für den Teig:
400 g Weizenvollkornmehl
100 g brauner Zucker oder Honig
200 g Butter oder Margarine
2 Eier

Für den Belag:
3–4 EL Wasser
400 g gemahlene Haselnusskerne
100 g Butter oder Margarine
150 g brauner Zucker oder Honig
100 g Schmand
2 Msp. Vanillepulver
(→ Seite 98)

1. Für den Teig Mehl, Zucker oder Honig, Butter oder Margarine und Eier verkneten und den Teig auf einem gefetteten Backblech ausrollen.
2. Die Zutaten für den Belag in einer Pfanne bei schwacher Hitze zu einer glatten Masse verrühren und gleichmäßig auf dem Teig verteilen.
3. Die Nussecken 20 Minuten bei 180 °C Umluft backen und noch warm in kleine, dreieckige Stücke schneiden.

Pro Stück:
Energie: 239 kcal | Fett: 17 g | Kohlenhydrate: 18 g
Eiweiß: 4 g | Ballaststoffe: 2 g

Knusprige Apfelschnecken mit Mandeln

Für 18 Stück

Für den Teig:
500 g Dinkel- oder Weizenvollkornmehl, fein gemahlen + etwas zum Verarbeiten
1 Würfel Hefe oder 2 Pck. Trockenhefe
100 g Zucker oder Honig
175 ml lauwarme Milch, 1,5 % Fett
2 Eier
1 Prise Jodsalz
100 g weiche Butter oder Margarine

Für die Füllung:
3 Äpfel
1 EL Zitronensaft
1 TL Zimt
50 g gehackte oder gemahlene Mandeln
100 g Zucker oder Honig

1. Für den Teig das Mehl in eine Schüssel geben und in die Mitte eine Mulde drücken. Die Hefe hineinbröckeln und mit 1 EL Zucker oder Honig und der Hälfte der Milch in der Mulde verrühren. Mit etwas Mehl vom Rand bedecken und 20 Minuten gehen lassen.
2. Anschließend Eier, Salz, Butter oder Margarine, restliche Milch und den restlichen Zucker oder Honig zugeben und alles zu einem glatten Teig verkneten. Bei der Verwendung von Trockenhefe können sofort alle Zutaten miteinander vermischt werden. Den Teig erneut mindestens 20 Minuten gehen lassen.
3. Für die Füllung die Äpfel waschen, grob raspeln und mit den übrigen Zutaten mischen.
4. Den Teig auf einer bemehlten Arbeitsfläche zu einem Rechteck von ca. 50 x 35 cm ausrollen und mit der Apfelfüllung bestreichen. Aufrollen und in 2 cm dicke Scheiben schneiden. Die Schnecken auf ein mit Backpapier ausgelegtes Blech legen und dabei mit den Händen etwas auseinanderziehen, damit der aufgerollte Teig in der Mitte Platz zum Aufgehen hat. Schnecken an einem warmen Ort 30 Minuten gehen lassen.
5. 15–20 Minuten bei 180 °C Umluft backen.

Pro Stück:
Energie: 226 kcal | Fett: 8 g | Kohlenhydrate: 32 g
Eiweiß: 6 g | Ballaststoffe: 3 g

Knusprige Pizzaschnecken

Für 10 Stück

Für den Teig:
1 Würfel Hefe oder 1 Pck. Trockenhefe
50 ml lauwarme Milch, 1,5 % Fett
1 Prise Zucker
400 g Weizen- oder Dinkelvollkornmehl + etwas zum Verarbeiten
3 EL Olivenöl
½ TL Jodsalz

Für die Tomatensoße (ca. 200 ml):
600 g Tomaten
1 Knoblauchzehe
2 Zwiebeln
1 EL Rapsöl
1 EL Tomatenmark
getrockneter Basilikum
getrockneter Oregano
Jodsalz, Pfeffer

Für den Belag:
2 Tomaten
100 g geriebener Mozzarella

1. Hefe oder Trockenhefe in Milch mit Zucker verrühren. Mehl in eine Schüssel geben und die Hefemilch mit Öl, Salz und ca. 250 ml Wasser zugeben und kneten. Dabei nur so viel Wasser zufügen, bis ein knetbarer Teig entsteht. Den Teig abgedeckt 20–30 Minuten gehen lassen. Das Volumen sollte sich deutlich vergrößern.
2. In der Zwischenzeit für die Soße die Tomaten kurz mit kochendem Wasser überbrühen, enthäuten und würfeln. Den Knoblauch schälen und fein hacken. Die Zwiebeln schälen, würfeln und im heißen Öl andünsten. Tomatenwürfel und -mark zugeben und die Soße aufkochen lassen. Den Knoblauch zugeben und die Soße mit Kräutern und Gewürzen abschmecken.
3. Die Tomaten für den Belag klein schneiden. Den Teig erneut kneten und zu einem Rechteck ausrollen. Erst die Tomatensoße, dann Tomatenstücke und Käse darauf verteilen und das Rechteck von der langen Seite her aufrollen. Die Rolle in Scheiben schneiden und die Schnecken auf ein Backblech setzen. Kurz gehen lassen und 20–25 Minuten bei 180 °C Umluft backen.

→ Tipp

Die Menge der Tomatensoße ist großzügig bemessen, so können Sie einen Teil als Vorrat einfrieren. Im Kühlschrank hält sich die heiß eingefüllte Soße in einem Schraubglas einige Tage.

Energie: 240 kcal | Fett: 10 g | Kohlenhydrate: 28 g
Eiweiß: 9 g | Ballaststoffe: 6 g

Register

→ **INFO**

Eine Übersicht der Rezepte finden Sie vorne im Buch nach dem Inhaltsverzeichnis.

Zutatenregister

Adressen der Verbraucherzentralen

Verbraucherzentrale Baden-Württemberg e. V.
Paulinenstraße 47
70178 Stuttgart
Telefon: 07 11/66 91-10
www.verbraucherzentrale-bawue.de

Verbraucherzentrale Bayern e. V.
Mozartstraße 9
80336 München
Telefon: 0 89/5 52 79 4-0
www.verbraucherzentrale-bayern.de

Verbraucherzentrale Berlin e. V.
Ordensmeisterstraße 15-16
12099 Berlin
Telefon: 0 30/2 14 85-0
www.verbraucherzentrale-berlin.de

Verbraucherzentrale Brandenburg e. V.
Babelsberger Straße 12
14473 Potsdam
Telefon: 03 31/98 22 999 5
www.verbraucherzentrale-brandenburg.de

Verbraucherzentrale Bremen e. V.
Altenweg 4
28195 Bremen
Telefon: 04 21/1 60 77-7
www.verbraucherzentrale-bremen.de

Verbraucherzentrale Hamburg e. V.
Kirchenallee 22
20099 Hamburg
Telefon: 0 40/2 48 32-0
www.vzhh.de

Verbraucherzentrale Hessen e. V.
Große Friedberger Straße 13–17
60313 Frankfurt/Main
Telefon: 0 69/97 20 10-900
www.verbraucherzentrale-hessen.de

Verbraucherzentrale Mecklenburg-Vorpommern e. V.
Erich-Schlesinger-Straße 35
18059 Rostock
Telefon: 03 81/2 08 70-50
www.verbraucherzentrale-mv.eu

Verbraucherzentrale Niedersachsen e. V.
Herrenstraße 14
30159 Hannover
Telefon: 05 11/9 11 96-0
www.verbraucherzentrale-niedersachsen.de

Verbraucherzentrale Nordrhein-Westfalen e. V.
Mintropstraße 27
40215 Düsseldorf
Telefon: 02 11/9 13 80-0
www.verbraucherzentrale.nrw

Verbraucherzentrale Rheinland-Pfalz e. V.
Seppel-Glückert-Passage 10
55116 Mainz
Telefon: 0 61 31/28 48-0
www.verbraucherzentrale-rlp.de

Verbraucherzentrale Saarland e. V.
Trierer Straße 22
66111 Saarbrücken
Telefon: 06 81/5 00 89-0
www.verbraucherzentrale-saarland.de

Verbraucherzentrale Sachsen e. V.
Katharinenstraße 17
04109 Leipzig
Telefon: 0341/69 62 92 9
www.verbraucherzentrale-sachsen.de

Verbraucherzentrale Sachsen-Anhalt e. V.
Steinbockgasse 1
06108 Halle
Telefon: 03 45/2 98 03-29
www.verbraucherzentrale-sachsen-anhalt.de

Verbraucherzentrale Schleswig-Holstein e. V.
Hopfenstr. 29
24103 Kiel
Telefon: 04 31/5 90 99-40
www.verbraucherzentrale.sh

Verbraucherzentrale Thüringen e. V.
Eugen-Richter-Straße 45
99085 Erfurt
Telefon: 03 61/5 55 14-0
www.vzth.de

Verbraucherzentrale Bundesverband e. V.
Rudi-Dutschke-Str. 17
10969 Berlin
Telefon: 0 30/2 58 00-0
www.vzbv.de

Bildnachweis

Innen:
S. 4, 5, 8, 52, 96–184 Christian Hacker, S. 24 Bundesanstalt für Landwirtschaft und Ernährung (BLE), Klaus Arras, S. 69 Verbraucherzentrale NRW e.V.

Illustrationen:
Katrin Wiehle, außer S. 26-27 und S. 31 Bundesanstalt für Landwirtschaft und Ernährung (BLE)

---

15. Auflage 2024

ISBN978-3-86336-193-8 (Buch)
ISBN978-386336-347-5 (E-Book PDF)
ISBN978-386336-348-2 (E-Book EPUB)

Impressum

Herausgeber
Verbraucherzentrale
Nordrhein-Westfalen e. V.
Mintropstraße 27, 40 215 Düsseldorf
Telefon 02 11 / 91380 – 1555
ratgeber@verbraucherzentrale.nrw
www.verbraucherzentrale.nrw

Autorinnen
Julia Gilcher, Gabriele Janthur
Autorinnen vorige Auflagen:
Ursula Plitzko, Ursula Tenberge-Weber

Koordination
Wibke Westerfeld

Lektorat
Friederike Krickel
www.autorenservice-krickel.de

Layout, Satz und Umschlaggestaltung
lav.ka Werbeagentur, Düsseldorf
www.lav-ka.de

Umschlaggestaltung
Designbüro Ute Lübbeke, Köln
www.LNT-design.de

XML-Produktion
pagina GmbH, Tübingen
www.pagina.gmbh

Druck
AZ Druck und Datentechnik, Kempten
www.az-druck.de

Redaktionsschluss: Mai 2024